もくじ

帝国書院版　社会公民

JN096380

テストの範囲や学習予定日をかこう！

学習計画	
出題範囲	学習予定日
5/14 テストの日	5/10
	5/11

解答と解説　　　　　別冊

ふろく　テストに出る！5分間攻略ブック　　　　　別冊

写真提供：アフロ，（公社）日本臓器移植ネットワーク（敬称略）

第1部 第1章 現代社会と文化

第1節 現代社会の特色

満点★ミッション

❶ **情報通信技術(ICT)**
情報をやり取りする技術。Information and Communication Technology。

❷ **人工知能(AI)**
まるで人が考えているかのように情報を処理する機能。

❸ **情報リテラシー**
情報を的確に判断・活用できる能力。

❹ **グローバル化**
世界中の人々が結び付き,互いに影響し合う動き。

❺ **国際分業**
複数の国で生産した部品を一か所に集めて組み立てを行う。

❻ **国際協調**
各国が協力しながら,課題に対処する。

❼ **多文化共生**
異なる文化をもつ者どうしが,互いの価値観を尊重し共生すること。

❽ **少子高齢社会**
少子化と高齢化が進んだ社会。

❾ **核家族**
夫婦のみ,夫婦(父(母)のみ)と未婚の子供。

❿ **バリアフリー化**
段差をなくすなど,すべての人が移動しやすくする。

テストに出る! **ココが要点** 解答 p.1

1 情報化が進む現代 教 p.3〜p.4

▶ 情報社会…(❶　　　　　　　)(ICT)の進歩によって,情報が生活や経済活動に大きな意味をもつようになった社会。

● 情報化の進展でトラブルも増加。**スマートフォン**などを利用したソーシャルメディアで個人が特定される,個人情報がインターネット上に流出してしまうなど。

● (❷　　　　　　　)(AI)…多くの情報を蓄積,瞬時に処理して結論を出す機能。社会の様々な場面で活躍する。

▶ 情報や技術の中身を理解したうえで,それらをどのように使うのか考える能力=(❸　　　　　　　)を養うことが大切。

2 グローバル化が進む現代 教 p.5〜p.6

▶ (❹　　　　　　　)化が進み,生活の中に外国製のものがあふれ,人の行き来も盛ん。

● (❺　　　　　　　)が活発→質の高い商品やサービスが安価に容易に手に入るようになる反面で,世界中の企業が国際競争にさらされている。

● 自然災害や戦争が起こると,**国際機関**や**非政府組織**(NGO)が活躍。

● 地球温暖化や感染症,自然災害など国境を越えた課題に(❻　　　　　　　)を通じた問題の解決を図る。

▶ (❼　　　　　　　)の社会…多くの文化や習慣に触れ合い,互いの価値観を尊重して共に生きていく社会。

3 少子高齢化が進む現代 教 p.7〜p.8

▶ (❽　　　　　　　)…**少子化**と**高齢化**が同時に進む社会。特に日本では他の先進国と比べて急速に進んでいる。

● (❾　　　　　　　)が多い現代では,子どもの保育や高齢者の介護を社会全体でどのように支え合うかを考える必要がある。

● 少子化対策→保育所の増設。高齢化対策→建物や交通の(❿　　　　　　　)化,介護を社会全体で支援するしくみ。

▶ 人口減少や少子高齢化の問題を解決するために,人工知能(AI)の活用や外国人労働者の受け入れ拡大などを検討。

ココが**要点**の答えになります。

テストに出る！ 予想問題

第1節 現代社会の特色

⏱ 30分

/100点

1 次の文を読んで，あとの問いに答えなさい。 10点×5〔50点〕

> 今の私たちの生活ではテレビやパソコン，スマートフォンなどを使って **a** さまざまな情報を入手できるだけでなく，インターネットを利用した写真や動画のやり取りも簡単に行うことができる。その反面，**b** 利用する（　　　）が特定されたり，企業が保管する（　　　）情報が流出してしまったりするトラブルも増えている。

(1) 下線部 **a** について次の問いに答えなさい。

　① SNSなどインターネット上で情報を発信したり受け取ったりすることができる媒体のことを何といいますか。カタカナ9字で書きなさい。（　　　　　　　　）

よく出る ② コンピューターや双方向性を持つネットワークなどの技術を何といいますか。また，その略称をアルファベット3字で書きなさい。（　　　　　　　）略称（　　　）

(2) 文中の（　　　）にあてはまる語句を漢字2字で書きなさい。（　　　　　　　）

(3) 文中の下線部 **b** などのトラブルに対処するために私たちに求められている，情報の価値を的確に判断し，活用する能力のことを何といいますか。（　　　　　　　）

2 右の資料を見て，次の問いに答えなさい。 10点×2〔20点〕

(1) 日本に来日した外国人旅行者数の推移を示しているのはA・Bのどちらですか。（　　　）

(2) グラフの所々が落ち込んでいる原因として誤っているものを次から選びなさい。（　　　）

　ア 伝染病の流行　　イ 戦争や紛争
　ウ 自然災害の発生　エ 世界遺産の登録

▼出国日本人数と訪日外国人旅行者数の推移

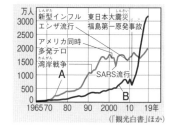

3 右の資料を見て，次の問いに答えなさい。 10点×3〔30点〕

記述 (1) 1960年と比較して，2010年の子どもの数と高齢者の数はどのように変化しましたか。簡単に書きなさい。
（　　　　　　　　　　　　　　　　　）

よく出る (2) 現在の日本の人口構成のような社会を何といいますか。
（　　　　　　　　　）

よく出る (3) (2)のような社会において，建物の段差などを取り除き誰もが移動しやすくすることを何といいますか。
（　　　　　　　　　）

▼日本の人口構造の変化

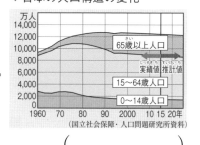

第2節 私たちの生活と文化

満点★ミッション

❶文化
衣食住などの生活様式や言語，宗教など。

❷科学技術
科学に基づいた技術。

❸宗教
仏教・キリスト教・イスラム教など。

❹文化の画一化
世界でファストフード形式の食文化が広がるなど文化が一様になること。

❺異文化理解
他国の文化を理解し，尊重すること。

❻自然
海，山，川，四季，動植物など。

❼ひらがな
平安時代に作られた日本独自の文字。

❽和
秩序や礼儀，協調性を重んじる精神。

❾年中行事
毎年特定の時期にくり返し行われる行事。

❿伝統文化
継承されてきた文化。

テストに出る！ **ココが要点** 解答 p.1

1 生活に息づく文化　教 p.9〜p.10

▷ (❶ _____)…人々が形作ってきた生活様式や言語，科学，学問など。

● 病気の治癒や案内ロボットなど，従来は不可能だったことが (❷ _____) の進歩によって可能になる。

● 芸術…人間の思いや感情を表現し，他者に伝える創作活動。

● (❸ _____)…神や仏などへの信仰が考え方や生活習慣に大きな影響を与える。

▷ グローバル化の進展によって文化の (❹ _____) という現象が見られる。

▼宗教的行動で行っていること

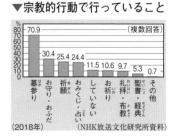

(2018年) （NHK放送文化研究所資料）

● お互いの文化の価値を認め，複数の文化の共生を目指す (❺ _____) が求められる。

2 日本の伝統と文化　教 p.11〜p.12

▷ 日本の文化…(❻ _____) と人間の調和や均衡を考えた生活様式や，海外文化をうまく取り入れ，組み合わせて発展。

● 中国の漢字を元に作られた (❼ _____) やかたかな。

● 外来文化を受け入れる姿勢，自然をめでる心，大陸から伝わった稲作中心の文化などが合わさり，日本人の「助け合い」や「(❽ _____)」の精神，「勤勉な気質」が育まれる。

▷ (❾ _____)…彼岸やお盆，節句など。

1月	初もうで・年賀・七草	7月	七夕・盂蘭盆・中元
2月	節分	8月	盆おどり
3月	ひな祭・春の彼岸	9月	菊の節句・秋の彼岸
4月	灌仏会	10月	更衣
5月	端午の節句	11月	七五三
6月	更衣	12月	除夜

▷ 日本の (❿ _____)…能・狂言や歌舞伎，茶道，華道，和服や和食など。

● 伝統…過去から現在に引き継ぎ，未来へと引き継いでいくこと。

テストに出る！
予想問題 第1節 私たちの生活と文化

⏱30分

/100点

1 次の文を読んで，あとの問いに答えなさい。 (3)20点 他5点×4〔40点〕

> 衣食住などの生活様式や，a科学，芸術，宗教などを文化という。世界にはさまざまな文化が存在するが，それらは（ A ）。他の文化を見下したり否定することは争いの原因にもなるため，b異文化理解が必要である。

よく出る (1) 下線部aについて，次の①～③のうち科学にあてはまるものはア，芸術にあてはまるものはイ，宗教にあてはまるものはウをそれぞれ書きなさい。

① 絵画や音楽などで人間の感情を表現し，他者に伝える。 （ ）
② 神や仏など人間の力をこえた存在を見出し，信仰する。 （ ）
③ 技術を発展させ，私たちの生活をより豊かで便利なものにする。 （ ）

(2) Aにあてはまるものとして最も適切なものを，次から選びなさい。 （ ）

ア 不平等である イ 違いがない ウ 無関係である エ 対等である

記述 (3) 下線部bはどのようなことですか。「尊重」「文化」という語句を用いて簡単に書きなさい。

（ ）

2 次の文を読んで，あとの問いに答えなさい。 (3)5点×4 他10点〔60点〕

> 日本の文化の特徴は，海外から多様な文化を受け入れる姿勢，人間と（ A ）との調和，大陸から伝わった（ B ）中心の文化の影響などにあるといわれる。外国の宗教も日本の宗教と交わりながら根付き，生活習慣や年中行事に取り入れられている。

(1) 日本の文化の特徴について，A・Bにあてはまる語句をそれぞれ書きなさい。

A（ ） B（ ）

(2) 文化によって育まれた日本人の精神や気質を次から2つ選びなさい。 （ ）（ ）

ア 勤勉な気質 イ 開放的な気質 ウ 戦闘的な気質 エ 和の精神

よく出る (3) 下線部について，右の①～④にあてはまるものをあとから選びなさい。

①（ ）
②（ ）
③（ ）
④（ ）

ア 七夕 イ 端午
ウ 七五三 エ 彼岸

1月	初もうで・年賀・七草	7月	（ ③ ）・盂蘭盆・中元
2月	節分	8月	盆おどり
3月	ひな祭・春の（ ① ）	9月	菊の節句・秋の（ ① ）
4月	灌仏会	10月	更衣
5月	（ ② ）の節句	11月	（ ④ ）
6月	更衣	12月	除夜

第2章 現代社会をとらえる枠組み

満点★ミッション

❶社会集団
社会生活で人どうしがつながる集団。

❷家族
親子，兄弟など最も基礎的な社会集団。

❸合意
意見の一致。

❹効率
無駄のないこと。

❺公正
誰にとっても不利益がないこと。

❻個人の尊厳
一人一人を尊重すること。

❼両性の本質的平等
性別にかかわらず，平等であること。

❽きまり（ルール）
スポーツのルールや契約，法律など。

❾責任
負わなければならない任務。

❿契約
合意によって成立する互いの責任や義務についてのきまり。

テストに出る！ ココが要点 　解答 p.2

1 社会的存在として生きる私たち 　教 p.18

▶ （❶　　　　　　　）…家族や地域，社会，国，世界など，人々のつながりのある集団。

● 社会集団の中で人々とつながり，助け合い，尊重しながら共生することから，人間は社会的存在といわれる。

●（❷　　　　　　　）…「団らん」の中で「休息や安らぎ」を得る。互いに支え合う役割。個人が社会の一員として成長。

● 地域社会…住民同士が協力し合いながら生活し，自治会や消防団，子供会などの活動を行う。

▶ 意見の違いから対立が起きたら，話し合いや交渉を通じて決定を行い（❸　　　　　　　）を作って問題を解決する。

2 効率と公正 　教 p.19〜p.20

▶ （❹　　　　　　　）…問題解決の効果が時間や労力，費用に見合うか，できるだけ少ない資源や費用で多くの利益を得ることを大切にする考え。

▶ （❺　　　　　　　）…合意の際に互いの意見を尊重し，一人一人に最大限配慮しているかどうかを大切にする考え。

● みんなが決定に参加したかという手続きの公正さ，他人の権利を侵害していないか，立場が変わっても受け入れられるかという機会の公正さ，結果の公正さに配慮。

3 私たちときまり 　教 p.21〜p.22

▶ 日本国憲法では，家族については（❻　　　　　　　）と（❼　　　　　　　）の本質的平等を定めている。

● 社会集団の一人一人が平等な人間として尊重される。

▶ 対立を解決して合意をくり返す→（❽　　　　　　　）になる。

● 決定のしかた…全員一致，多数決，第三者が決めるなど。決める内容や関わる人々の規模に応じて適切なものを考える。

▶ きまりは効率や公正などに配慮しながら，合意されればそれを守る（❾　　　　　　　）や義務が生じる。

●（❿　　　　　　　）…責任や義務を守ることで互いの権利や利益が保障されるきまりを作ること。

テストに出る！

予想問題　第２章 現代社会をとらえる枠組み

30分　/100点

1 次の文を読んで，あとの問いに答えなさい。　10点×4〔40点〕

私たちはさまざまな(①)の中で人々とつながり，助け合い，互いを尊重しながら共に生きている。その中で，「団らん」の中で「休息や安らぎ」が得られる最も基礎的なものが(②)である。また自治会や消防団，子供会などの組織を運営し，住民の生活をよいものにするために活動する(③)もその一つである。

(1) 文中の①～③にあてはまる語句をあとからそれぞれ選びなさい。

①(　　) ②(　　) ③(　　)

ア 家族　イ 地域社会　ウ 社会集団　エ 学校

よく出る (2) 文のようなことから，人間はどのような存在といわれますか。

(　　　　)存在

2 右の図を見て，次の問いに答えなさい。　10点×6〔60点〕

(1) Aにあてはまる語句を書きなさい。　(　　　　)

(2) a・bにあてはまる語句をそれぞれ書きなさい。

a(　　　　)

b(　　　　)

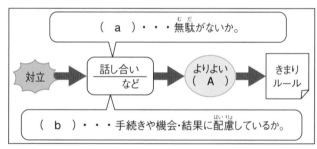

(a)・・・無駄がないか。
対立
話し合い など
よりよい (A)
きまり ルール
(b)・・・手続きや機会・結果に配慮しているか。

よく出る (3) 下線部について，決定を行う方法を次の表にまとめました。①・②にあてはまる語句を□からそれぞれ選びなさい。　①(　　　　) ②(　　　　)

方法	長所	短所
全員の意見が一致するまで話し合う	全員が納得する	(①)がかかることがある
多数決で決める	反映される意見が多い	(②)が反映されにくい
当事者の代表者が決める	短い(①)で決まる	代表者の意見しか反映されないことがある
第三者が決める	利害に関係ないので早く決まる	当事者が納得しないこともある

時間　費用　少数意見　多数意見

(4) 互いの権利や利益を保障するために，守るべき責任や義務のきまりを作ることを，漢字２字で何といいますか。　(　　　　)

ちょっとひといき　文章を読んでわかりにくいときは図にして整理してみよう！

第1節 民主主義と日本国憲法①

 満点★ミッション

❶権力
人に何かを強制する力。

❷民主主義
すべての人が決定に参加すべきという考え方。デモクラシー。

❸多数決
より多くの人の意見を反映できる方法。少数派の権利の侵害や独裁を生み出すこともある。

❹憲法
日本は日本国憲法。

❺立憲主義
憲法で権力に制限をかけ，国家権力を正しく使う考え方。

❻基本的人権
人間が生まれながらにもつ権利。

❼ロック
「統治二論」を著し，人間は生まれながらに人権を持つと説いた。

❽三権分立
国家権力を三つに分ける。モンテスキューが「法の精神」で説いた。

❾児童（子ども）の権利に関する条約
18歳未満の子どもの人権を守る。

❿法の支配
法によって権力を制限して政治を行う。

 テストに出る！ ココが要点　解答 p.2

1 民主主義と立憲主義　教 p.29〜p.30

▷ （❶　　　　　　　　）…強制的に人からお金を集めるなど。

● 国家が国民に強制する力を**国家権力**という。警察や消防，学校，年金や医療保険などで，人々がお金や労力を負担している。

▷ 国家権力を適切に行使するためにすべての国民が決定に参加すべきだという考えを（❷　　　　　　　　）といい，それに基づく政治を<u>民主</u>政治という。

● （❸　　　　　　　　）…より多くの意見を反映できる決定方法。**少数意見を尊重**し，合意点を見いだせるような取り組みが必要。

▷ （❹　　　　　　　　）…戦争や軍隊をコントロールし，国家による戦争・人権侵害・独裁などを禁止するルール。

● 憲法によって国家権力の濫用を防ぐ考えを，（❺　　　　　　　　）という。

2 人権保障と法の支配　教 p.31〜p.32

▷ **市民革命**以降，すべての人が人であるという理由だけで持つべき権利である（❻　　　　　　　　）が保障されるようになる。

（❼　　　　　　）（イギリス）	生まれながらに生命・自由などの人権を持つ。
モンテスキュー（フランス）	司法，立法，行政の権力を分立させる（❽　　　　　　　　）。
ルソー（フランス）	人民主権。

年	
1215	マグナカルタ（イギリス）
1689	<u>権利章典</u>（イギリス）
1776	アメリカ独立宣言
1789	<u>フランス人権宣言</u>
1889	大日本帝国憲法
1919	<u>ワイマール</u>憲法（ドイツ）
1946	日本国憲法
1948	<u>世界人権宣言</u>

▼人権に関する主な条約

条約	採択年
難民の地位に関する条約	1951
人種差別撤廃条約	1965
国際人権規約	1966
女子差別撤廃条約	1979
（❾　　　　　　　）の権利に関する条約	1989
障害者の権利に関する条約	2006

▷ 憲法や法律などの<u>法</u>に基づいて国の政治が行われることを<u>法の</u>（❿　　　　　　　　）といい，人権保障の実現には欠かせない。

テストに出る！

予想問題　第１節　民主主義と日本国憲法①

30分　/100点

1 次の問いに答えなさい。　10点×4〔40点〕

(1) 国家権力をよりよく使うために，すべての国民が意見を持ち寄り，決定に参加するべきだという考えを漢字４字で書きなさい。（　　　　）

(2) 右の図を見て，次の問いに答えなさい。

A案に賛成…①②③④（４名）
B案に賛成…5 6 7（３名）
C案に賛成…8 9（２名）

よく出る ① 図のような採決結果が出た場合，A案を採用する方法を何といいますか。（　　　　）

記述 ② 図から読み取れる①の方法の問題点を，全体の人数とA案に賛成する人の数に注目して書きなさい。
（　　　　　　　　　　）

③ ①の方法をとる場合でも，異なる立場の人たちが合意点を見いだせるように何の尊重が必要となりますか。漢字４字で書きなさい。（　　　　）の尊重

2 次の文を読んで，あとの問いに答えなさい。　10点×6〔60点〕

a すべての人が人であるという理由だけで生まれながらに持つ権利は，b 市民革命以降に出された人権宣言にリストアップされた。多くの国では憲法に人権宣言の章を設け，国民に権利を保障している。また20世紀に入ると c 国際的な人権条約も結ばれてきた。人権を守るためには，d 国の政治が憲法や法律などの法に基づいて行われる必要がある。

(1) 下線部aの権利のことを何といいますか。（　　　　）

よく出る (2) 下線部bについて，下の文で説明する市民革命に影響を与えた思想家をあとからそれぞれ選びなさい。①（　　）②（　　）

① 専制政治を防ぐには，司法，立法，行政の権力の分立が必要である。

② 人間は生まれながらに，生命・自由などの人権を持っている。

ア　ルソー　　イ　ロック　　ウ　リンカン　　エ　モンテスキュー

(3) 下線部cについて，下の文で説明する条約(宣言)をあとからそれぞれ選びなさい。①（　　）②（　　）

① 1948年に採択された，世界の人々の人権や自由の確保のための宣言。

② 1979年に採択された，政治・経済・社会などの分野で性差別の撤廃を求めた条約。

ア　女子差別撤廃条約　　イ　児童の権利に関する条約
ウ　国際人権規約　　エ　世界人権宣言

よく出る (4) 下線部dについて，この考え方を何といいますか。（　　　　）

ちょっとひといき　今日の勉強が終わったら，自分をほめてあげよう！

第1節 民主主義と日本国憲法②

満点★ミッション

❶大日本帝国憲法
ドイツの憲法を参考に明治政府が発布した憲法。天皇主権。

❷帝国議会
大日本帝国憲法の下での議会。貴族院と衆議院。

❸日本国憲法
日本の今の憲法。国民が定めた民定憲法。天皇は象徴とされる。

❹立憲主義
憲法で権力を制限し，正しく使うための考え方。

❺国民主権
主権が国民にあること。

❻主権
国の政治のあり方を最終的に決める権力。

❼憲法改正
国民が憲法を変えるかどうか決める。

❽天皇
日本国と国民統合の象徴。

❾内閣
国事行為の助言と承認を行う。

❿国事行為
法律の公布，国会の召集や栄典の授与など。

テストに出る！ **ココが要点**　解答 p.3

1 日本国憲法の成立　数 p.35〜p.36

▷ (❶　　　　　　　　)…1889年2月11日に発布された憲法。
● 天皇が定めた欽定憲法で，国の統治権はすべて天皇のもの。
● 国民の人権は「臣民の権利」として法律の範囲内で保障。
● 国民の代表が集まる(❷　　　　　　　　)を設置。

▷ (❸　　　　　　　　)…1946年11月3日に公布，翌年5月3日に施行された憲法。形式的には大日本帝国憲法の改正。
● 連合国軍総司令部（GHQ）の案を基礎に，日本政府が改正案を作った。日本初の男女普通選挙で選ばれた衆議院議員も参加した帝国議会で審議して制定された。
● 民主主義強化のため第1章で国民主権原理の採用を宣言。
● (❹　　　　　　)主義をよりよく実現するため，第2章で平和主義，第3章で人権保障，第4章以下で三権分立や地方自治などの権力の分立を定める。

2 国民主権　数 p.37〜p.38

▷ 日本国憲法の三大原理…(❺　　　　　　)・平和主義・基本的人権の尊重。
● (❻　　　　　　　　)を持つのは国民。

憲法

▷ 国民主権は，憲法にのっとって政治を進める（＝国家権力を行使させる）ことで示す。
● 法律が国民の意思に基づくといえるのは，憲法が国会に立法権を与えているため。
● 内閣（行政）・裁判所（司法）・地方公共団体も憲法が与えていない権限は行使できない。
● 国民が憲法の内容の変更が必要だと考えた場合は，憲法(❼　　　　　　)の手続が取られる。

▷ (❽　　　　　　)…憲法1条で「日本国の象徴であり日本国民統合の象徴」であると定める（象徴天皇制）。
● 国の政治を行う権限を一切持たない。
● (❾　　　　　　)の助言と承認の下に形式的・儀礼的な
(❿　　　　　　)を行い，内閣がその責任を負う。

ココが要点の答えになります。

3 日本の平和主義 　教 p.39〜p.40

▶ (⑪　　　　　　　　) 主義…再び戦争の惨禍が起こることのないようにすることを決意すると憲法前文で宣言。

● アジアや太平洋の国々に与えた戦禍，全国各地への空爆，沖縄の地上戦，二度の (⑫　　　　　　　　) 投下を踏まえたもの。

▶ 憲法 (⑬　　　　　　　) …国際紛争を解決するための武力行使と戦争を放棄するとともに，戦力と (⑭　　　　　　　　) を持たないことを規定。

▼憲法9条

> 1　日本国民は，正義と秩序を基調とする国際平和を誠実に希求し，国権の発動たる戦争と，武力による威嚇又は武力の行使は，国際紛争を解決する手段としては，永久にこれを放棄する。
> 2　前項の目的を達するため，陸海空軍その他の戦力は，これを保持しない。国の交戦権は，これを認めない。

● 日本の国家権力に向けたものと同時に外交宣言でもある。

▶ (⑮　　　　　　　) …日本が武力攻撃を受けた場合に，例外的な自衛のための必要最小限度の実力として組織されている。

▶ (⑯　　　　　　) 自衛権…

武力攻撃を受けた他国からの要請に基づき，その国の防衛のための武力行使を行う権利。

▼集団的自衛権

②集団的自衛権による反撃　A国
②反撃　①武力攻撃
日本　密接な関係　B国

● 武力行使についての政府見解が見直され，2015年に平和安全法制が成立。→自衛隊が憲法9条に適合しないという見解もある。

▶ 自衛隊の任務…日本への武力攻撃への対応のほか，大災害への対応，国際的な海賊対策，国連の (⑰　　　　　　　　) への参加，他国の軍事活動の後方支援など。

▶ (⑱　　　　　　　) 条約…日本の領域が他国から攻撃された場合に，アメリカと日本が共同して日本を防衛することを定める。

● 日本の法律の範囲内でアメリカ軍と協力することとアメリカ軍が日本の国土に駐留することを認める内容。

▶ (⑲　　　　　　　) …1971年に国会で決議された，核兵器を「持たず，作らず，持ち込ませず」という原則。

● 非核三原則や (⑳　　　　　　) 抑制が経済発展に貢献したという評価もある。平和への努力は，国民全体の課題。

満点★ミッション

⑪ **平和主義**
日本国憲法の三大原理の一つ。戦力と交戦権を持たない。

⑫ **原爆（原子爆弾）**
第二次世界大戦中広島と長崎に投下された。広島の原爆ドームは世界文化遺産。

⑬ **憲法9条**
戦力を持たないことを定めた日本国憲法の条文。

⑭ **交戦権**
国が戦争を行う権利，または戦時に交戦国に認められる権利。

⑮ **自衛隊**
自衛や災害対応にあたる組織。政府は行政機関の一種と位置づけている。

⑯ **集団的自衛権**
他国からの要請で武力行使を行う権利。

⑰ **PKO**
国連平和維持活動。

⑱ **日米安全保障条約**
1951年に日本とアメリカで結ばれた条約。1960年に改定。

⑲ **非核三原則**
核兵器について，1967年に佐藤栄作首相が国会で述べた原則。

⑳ **防衛費**
主に自衛隊など国の防衛に関わる費用。

テストに出る！
予想問題

第1節 民主主義と日本国憲法②

⏰ 30分

/100点

1 右の表を見て，次の問いに答えなさい。

4点×8〔32点〕

(1) Xにあてはまる，現在の日本の憲法を何といいますか。

（　　　　　　　　　）

大日本帝国憲法		X
1889年2月11日発布	成立	1946年　①　公布 1947年　②　施行
（ A ）が定めた欽定憲法	性格	（ B ）が定めた民定憲法
（ A ）	主権者	（ B ）
「臣民の権利」として（ C ）の範囲内で認められる	人権	（ D ）の尊重
軍が通常の行政から独立	軍隊	もたない（戦力の不保持）

よく出る (2) 表中①・②の日付をそれぞれ書きなさい。

①（　　　月　　　日）

②（　　　月　　　日）

(3) 表中A〜Dにあてはまる語句をそれぞれ□から選びなさい。

A（　　　　　　　　） B（　　　　　　　　）

C（　　　　　　　　） D（　　　　　　　　）

国民　　天皇　　法律　　基本的人権　　国会　　内閣　　臣民

(4) 表中の下線部の原理を何といいますか。　　　　（　　　　　　　　）主義

2 次の文を読んで，あとの問いに答えなさい。

3点×8〔24点〕

　現在の日本の憲法はGHQの案を基礎に，日本政府が案を作り，a帝国議会で審議，修正し大日本帝国憲法の（ A ）の形式で制定した。その三大原理は，（ B ），基本的人権の尊重，平和主義で，天皇は日本国と日本国民統合の（ C ）だと定められ，内閣の助言と承認の下，b形式的・儀礼的な行為のみを行う。

よく出る (1) 文中のA〜Cにあてはまる語句を書きなさい。

A（　　　　　　） B（　　　　　　） C（　　　　　　）

(2) 下線部aを行った帝国議会の衆議院議員はどのような選挙で選ばれた人でしたか。

（　　　　　　　　　）

よく出る (3) 文中の下線部bについて，次の問いに答えなさい。

① この行為をまとめて何といいますか。　　　　（　　　　　　　　）

② ①にあてはまるものを次から3つ選びなさい。　（　　）（　　）（　　）

ア　法律の制定　　イ　法律の公布　　ウ　内閣総理大臣の指名

エ　国会の召集　　オ　栄典の授与　　カ　最高裁判所長官の指名

　ちょっとひといき　教科書に表でまとまっているものをチェックしておこう！

3 右の資料を見て，次の問いに答えなさい。　　　　　　　　　　　2点×4〔8点〕

(1) 中学校で使う教科書の代金を国が負担しているのは国会が何を作ったからですか。　　　　　　　　　　（　　　　　　　　）

(2) (1)が主権者の意思に基づくものだといえるのは，なぜですか。次の文中の①・②にあてはまる語句をそれぞれ書きなさい。

①（　　　　　　　　）

②（　　　　　　　　）

> 主権者が（　①　）を通じて（　②　）に立法権を与えているから。

(3) だれが必要だと考えたときに憲法改正の手続きが取られますか。次から選びなさい。　　　　　　（　　　　）

ア　国民　　イ　裁判所　　ウ　天皇　　エ　内閣

> **憲法41条**
> 国会は，国権の最高機関であつて，国の唯一の立法機関である。
>
> **憲法26条②**
> （前略）義務教育は，これを無償とする。

> **義務教育諸学校の教科用図書の無償に関する法律**
> 第1条
> 義務教育諸学校の教科用図書は，無償とする。

4 右の日本国憲法の条文を見て，次の問いに答えなさい。　　　　4点×9〔36点〕

よく出る (1) この条文は，日本国憲法の何条ですか。

（　　　　　　　　）

(2) A～Dにあてはまる語句を□□からそれぞれ選びなさい。

A（　　　　　　　　）

B（　　　　　　　　）

C（　　　　　　　　）

D（　　　　　　　　）

> 紛争　　保持　　放棄　　平和

> 1　日本国民は，正義と秩序を基調とする国際（　A　）を誠実に希求し，国権の発動たる戦争と，武力による威嚇又は武力の行使は，国際（　B　）を解決する手段としては，永久にこれを（　C　）する。
> 2　前項の目的を達するため，陸海空軍その他の戦力は，これを（　D　）しない。国の交戦権は，これを認めない。

(3) 日本の安全を守るための最小限度の実力としてつくられた組織を何といいますか。

（　　　　　　　　　　）

(4) 日本が1951年に安全保障条約を結んだ相手の国はどこですか。　　　　　　　　　（　　　　　　　　）

(5) 右の図のXにあてはまる，武力攻撃を受けた他国からの要請に基づいて，その国の防衛のために武力を行使する権利を何といいますか。　　　　　（　　　　　　　　）

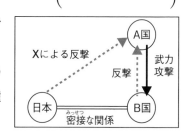

記述 (6) 1971年に国会で決議された，日本がかかげる非核三原則とはどのような原則ですか。次の言葉に続けて書きなさい。

核兵器を（　　　　　　　　　　　　　　　　　　　　　　　　　　　　　　）

第2部 第1章 日本国憲法

第2節　基本的人権の尊重①

満点★ミッション

❶**個人の尊重**
互いを人として平等に配慮すること。

❷**憲法13条**
個人の尊重のほか新しい人権についても保障する憲法の条文。

❸**自由**
個人みずからの意思に従って行動できること。

❹**平等**
一部の人が不利に扱われたり，差別されたりしないこと。

❺**選挙権**
投票などで代表者を選ぶ権利。

❻**裁判**
法的な争いを調整・解決する。

❼**新しい人権**
時代の変化で必要になる人権。憲法13条で保障される。

❽**精神活動の自由**
ものの見方や考え方の自由，またそれを表現する自由。

❾**経済活動の自由**
好きな仕事につき，個性を発揮できる。財産を自由に持てる。

❿**生命・身体の自由**
理由なく身体を拘束されないこと。

テストに出る！

ココが要点

解答 p.3

1 個人の尊重と憲法上の権利
教 p.41〜p.42

▶ (❶　　　　　　　　　)…一人一人をかけがえのない存在として，平等に配慮し尊重すること。憲法上の権利保障の出発点。

● 憲法(❷　　　　　)条で「すべて国民は，個人として尊重される」と定められる。

▶ 基本的人権を憲法で保障することで個人の尊重を実現する。

● 国家が介入してはならない，個人の(❸　　　　　　)に委ねるべき領域を憲法で保障。

● すべての国民は法の下に(❹　　　　　　　)で差別されない。

● 健康で文化的な最低限度の生活を営む権利，教育を受ける権利などの社会権を保障。

● 誰もが参加できる公正な選挙のしくみを整えるように要求できる(❺　　　　　)などの参政権を保障。

● 法的な争いについて(❻　　　　　　　)を受ける権利を保障。

● 憲法に書いていない(❼　　　　　　　)→13条などで保障。

▶ 個人の尊重という理念と基本的人権の保障は，人々が共存するための最低限の基盤。努力を不断に積み重ねて獲得してきた。

2 自由権
教 p.43〜p.44

▶ 自由権…国家から不当に強制や命令をされない権利。

● (❽　　　　　)の自由…思想・良心の自由，信教の自由，集会，結社の自由，学問の自由など。

● (❾　　　　　)の自由…居住・移転および職業選択の自由，個人が財産を所有する権利(財産権)など。

● 近年は，「モノ」だけでなく「情報」にも価値を認めている。著作権や特許権などの知的財産権は財産権の一つ。

● (❿　　　　　)の自由…あらゆる活動の自由の基礎。令状なしに不当に逮捕されない，正当な手続きなしに刑罰を受けない。拷問や残虐な刑罰，自白の強要は禁止。

ココが要点の答えになります。

テストに出る！

予想問題　第２節　基本的人権の尊重①

30分　/100点

1　右の図を見て，次の問いに答えなさい。　10点×4〔40点〕

よく出る (1)　(　　)にあてはまる個人の尊重の実現のために，▼(　　)の構成憲法が保障している人であるというだけで持つ権利を何といいますか。　(　　　　　)

(2)　次の①～③にあてはまる権利の名前を，図からそれぞれ書きなさい。

①　健康で文化的な最低限度の生活を営む権利や教育を受ける権利。　(　　　　　)

②　一部の人だけが他の人よりも不利に扱われず，差別されない権利。　(　　　　　)

③　誰もが参加できる公正な選挙のしくみを整えるように要求できる権利。　(　　　　　)

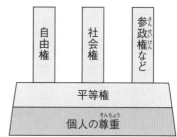

2　自由権について，次の図を見て，あとの問いに答えなさい。　(1)5点×4　他10点×4〔60点〕

自由権		
	a 精神活動の自由	•(　A　)・良心の自由 •信教の自由 •集会・結社・(　B　)の自由・通信の秘密 •学問の自由
	b 経済活動の自由	•(　C　)の自由 •財産権の保障
	c 生命・身体の自由	•令状なしに(　D　)されない •拷問や残虐な刑罰 •刑事裁判を迅速に行う

教育
職業選択
反論
表現
拘束
思想

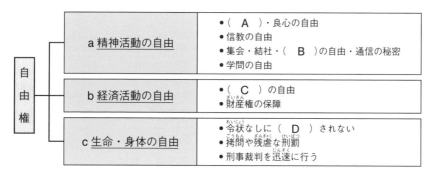

(1)　図中のA～Dにあてはまる語句を右上の□からそれぞれ選びなさい。

A(　　　　　)　B(　　　　　)
C(　　　　　)　D(　　　　　)

よく出る (2)　次の①～③は下線部a～cのどれにあてはまりますか。記号で書きなさい。

①　自白を強要されない。(　　)　②　デモ活動に参加する。(　　)

③　作った作品を勝手に利用されない。(　　)

(3)　自由権の説明にあてはまるものを次から選びなさい。　(　　)

ア　国家の不当な強制から個人の自由を保障する。

イ　政治的・経済的・社会的にいかなる差別も受けない。

ウ　国家が個人の生活を積極的に守る。　エ　個人の生活は公開されない。

ちょっとひといき　言葉だけ覚えて満足しない！人権の名前と，意味を結びつけておこう！

第2節 基本的人権の尊重②

満点★ミッション

❶**法の下の平等**
法の下では個人を同じ身分として分け隔てなく対応。

❷**差別**
人種や性別など特定の人への否定的感情とそれに基づく言動。

❸**全国水平社**
被差別部落出身者自身で自由と平等を勝ち取るために結成。

❹**部落差別解消推進法**
差別解消のための対策を国や地方公共団体の義務とした法律。

❺**男女共同参画社会基本法**
男女が共に参加する社会の実現のための法律。

❻**男女雇用機会均等法**
職場で男女を平等に扱うことを定めた。

❼**アイヌ文化振興法**
アイヌ文化の振興と尊重を求める法。

❽**在日韓国・朝鮮人**
日本に住む韓国・朝鮮の国籍を持つ人々。

❾**ヘイトスピーチ**
人種・民族・性別などをおとしめたり，差別をあおったりする表現。

❿**障害者差別解消法**
障がいのある人への差別をなくすための法律。

テストに出る！ ココが要点 　解答 p.4

1 平等権と差別されない権利 　教 p.45〜p.46

▷ 平等権…憲法14条で保障。あらゆる個人は同じ身分にある者として差別されない（❶　　　　　　　　　）の平等を定める。

● 不合理な区別を禁じる…夫婦別姓問題で議論。

▷ （❷　　　　　　　　　）…個人の尊重を否定するもので許されない。憲法14条でも禁止と規定している。

● 被差別部落出身者への差別問題が長い間の問題（同和問題）。

◇ 江戸時代のえた身分・ひにん身分への差別が，明治時代の「解放令」のあとも，具体的な政策がなく根強く残る。

◇ （❸　　　　　　　　　）が結成される（1922年）→**水平社宣言**。

◇ 同和対策審議会答申（1965年）で国民的課題とされる

◇ （❹　　　　　　　　　）法が制定され，積極的な対策が義務化。

▷ 男女の平等…憲法24条で父母などの同意がなくても両性の合意のみで婚姻が成立することを定め，女性の意思を尊重。

● 女性の社会進出を受け，（❺　　　　　　　　　）法，労働分野で（❻　　　　　　　　　）法，政治分野で**男女共同参画推進法**が制定される。

2 日本社会の差別の現実 　教 p.47〜p.48

▷ **アイヌの人々への差別**…1997年（❼　　　　　　　　　）法を施行。

● 2007年国連総会で「**先住民族の権利に関する国際連合宣言**」が採択→2019年に**アイヌ施策推進法**を施行。

▷ **在日外国人への差別**…第二次世界大戦前からあった在日韓国・（❽　　　　　　　　　）人への差別が今も残る。

● 外国人に対する（❾　　　　　　　　　）や日本で働く外国人への権利の保障の不十分さが課題。

◇ 2016年**ヘイトスピーチ解消法**を制定。

▷ **病気・障がいへの差別**…HIV感染者やハンセン病回復者（元患者）元患者などに対する誤解や偏見から，差別事件が今も続く。

● バリアフリー新法（2006年）…すべての人に自由な移動を保障。

● （❿　　　　　　　　　）法（2016年）…差別意識の解消と障がいのある人への**合理的な配慮**を目指す。

③ 社会権　教 p.51～p.52

満点★ミッション

▷ (⑪　　　　　　　　)権…人間らしい生活ができない人を支える義務が国家にある(＝福祉国家)という思想に基づき保障される権利。

● 1919年，ドイツの(⑫　　　　　　　　)憲法で初めて規定。

▷ 日本国憲法の社会権

● (⑬　　　　　　　　)権…憲法25条で「健康で文化的な最低限度の生活」を営む権利を保障している → (⑭　　　　　　　　)の制度で具体化。生活費や住居費，教育費などを援助。

◇ (⑮　　　　　　　　)の受給が増え，受給世帯数に占める割合が半数を超える。

◇ 家庭の経済問題により，食事や勉強に支障を来す子どもの貧困も問題になっている。

▼生活保護申請の流れ

生活に困った
↓
相談 → 地方公共団体の福祉事務所へ
↓ → 他の社会保障施策などを紹介
保護申請 → 収入，資産，働く能力などを調査される
↓
保護開始　　　却下
※不服があれば知事に審査請求できる

▷ (⑯　　　　　　　　)を受ける権利…憲法26条で保障。適切な教育を受けるために義務教育を無償と定める。

● 保護者に対して保護する子女に**普通教育を受けさせる義務**が課される。小学校・中学校が義務教育。

▷ 労働者の権利…働いて賃金を得ることで生活を成り立たせる→憲法27条で(⑰　　　　　　　　)の権利を保障。

● 労働時間や賃金など，労働契約の最低基準を法律で定める。

◇ **労働基準法・最低賃金法・男女雇用機会均等法・障害者雇用促進法**など。

▷ (⑱　　　　　　　　)…憲法28条で労働者と雇用者が対等に交渉できるように保障された権利。

(⑲　　　　　)権	(⑳　　　　　)権	(㉑　　　　　)権
労働組合を作る権利	団体で交渉する権利	団体で行動しストライキなどを行う権利

ストライキ

⑪**社会権**
人間らしい生活を送る権利。

⑫**ワイマール憲法**
世界で初めて社会権を規定した憲法。

⑬**生存権**
健康で文化的な最低限度の生活を営む権利。

⑭**生活保護**
資産や能力を活用しても生活が困難な人の自立を助けることを目的とした制度。

⑮**高齢者**
65歳以上。

⑯**教育を受ける権利**
視野を広げ，知識を身につける教育の機会を保障する権利。

⑰**勤労の権利**
働く機会を得ることができる権利。

⑱**労働基本権**
労働三権のこと。

⑲**団結権**
労働組合を作る権利。

⑳**団体交渉権**
立場が弱い労働者が雇用者と団体で交渉できる権利。

㉑**団体行動権**
労働者が団体で，ストライキなどを行うことができる権利。

テストに出る！
予想問題

第2節 基本的人権の尊重②

⏱30分

/100点

1 右の資料を読んで，次の問いに答えなさい。　　　　3点×5〔15点〕

よく出る (1) 文中のA〜Cにあてはまる語句をそれぞれ書きなさい。

A (　　　　　　　)
B (　　　　　　　)
C (　　　　　　　)

(2) 資料1の条文は，何という基本的人権を保障していますか。

(　　　　　　　)

(3) 資料2の宣言を出した人々が要求した内容として正しいものを次から選びなさい。

(　　　)

ア 被差別部落出身者への差別をなくし，自由と平等を得る。

イ 海外在住の日本人への差別をなくし，その国の人々と同じ権利を得る。

ウ 女性の管理職や国会議員の割合を高める。

▼資料1　憲法14条

　すべて国民は，法の下に（ A ）であって，人種，信条，性別，社会的身分又は門地により，政治的，経済的又は社会的関係において，（ B ）されない。

▼資料2　（ C ）宣言（一部）

（前略）
（ C ）は，かくして生れた。
人の世に熱あれ，人間に光あれ。
　　　　　　　　大正11年3月3日
　　　　　　　　全国（ C ）

2 次の問いに答えなさい。　　　　5点×7〔35点〕

(1) 次の①〜③にあてはまる人々をあとからそれぞれ選びなさい。

①(　　　) ②(　　　) ③(　　　)

① 明治時代末から国の政策により療養所へ隔離されていた。

② 12月1日を世界エイズデーとして啓発活動が行われている。

③ 日本国籍がないため，地方参政権が認められていない。

ア 在日韓国・朝鮮人　　イ HIV感染者　　ウ ハンセン病患者

(2) 北海道などで固有の文化を持って暮らす先住民族について，次の問いに答えなさい。

① この人々を何といいますか。　　　　　　　　　　　(　　　　　　　)

② ①の誇りが尊重される社会づくりを財政的にも支援することを定め，2019年に施行された法律を何といいますか。　　　　　　(　　　　　　　)

(3) 人種，民族，宗教，国籍，性別などをおとしめたり，それらへの差別をあおったりする表現のことを何といいますか。カタカナ7字で書きなさい。(　　　　　　　)

記述 (4) 2006年に施行されたバリアフリー新法はどのようなことを保障するものですか。「自由」の語句を使って簡単に書きなさい。

(　　　　　　　　　　　　　　　　　　　　　　　　　　　　　　　)

　ちょっとひといき　正誤問題は，シンプルな選択肢から正しいかを考えていこう！

3 次の日本国憲法の条文を読んで，あとの問いに答えなさい。 5点×10〔50点〕

A

すべて国民は，健康で文化的な最低限度の生活を営む権利を有する。

B
① すべて国民は，（中略），その能力に応じて，ひとしく□□□を有する。
② すべて国民は，（中略），その保護する子女に普通教育を受けさせる（　）を負う。（　）教育は，これを無償とする。

C
① すべて国民は，（　）の権利を有し，義務を負う。
② 賃金，就業時間，休息その他の勤労条件に関する基準は，法律でこれを定める。

よく出る (1) Aについて，次の問いに答えなさい。

① この条文で保障している権利を何といいますか。（　　　　　）

② この条文は憲法の何条にあたりますか。次から選びなさい。（　　　　　）

ア 第9条 イ 第14条 ウ 第25条 エ 第27条

③ 右のグラフは①の権利を具体的に保障する制度を利用している世帯数の推移を示しています。この制度を何といいますか。漢字4字で書きなさい。

（　　　　　　　　　）

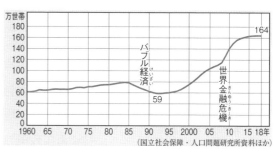

万世帯
164
59
1960 65 70 75 80 85 90 95 2000 05 10 15 18年
バブル経済
世界金融危機
（国立社会保障・人口問題研究所資料ほか）

よく出る (2) Bについて，次の問いに答えなさい。

① □□□にあてはまる，この条文で保障している権利を何といいますか。

（　　　　　　　　　）

② この条文の（　）に共通してあてはまる語句を書きなさい。（　　　　　　　　　）

(3) Cについて，次の問いに答えなさい。

① （　）にあてはまる語句を書きなさい。（　　　　　　　　　）

② 下線部にあてはまる法律を次から選びなさい。（　　　　　　　　　）

ア 男女雇用機会均等法 イ 男女共同参画社会基本法
ウ 労働基準法 エ 障害者差別解消法

③ 右のX・Yにあてはまる労働者の権利を次からそれぞれ選びなさい。

X 労働組合を作る　　Y ストライキを行う

X（　　　　　）

Y（　　　　　）

ストライキ

ア 団体行動権 イ 団結権
ウ 団体交渉権 エ 参政権

(4) A～Cの3つの条文が保障する権利を，まとめて何といいますか。

（　　　　　　　　　）

第2節 基本的人権の尊重③

満点★ミッション

テストに出る！ ココが要点　解答 p.5

1 政治に参加する権利と人権を守るための権利　教 p.53〜p.54

▶ （❶　　　　　　　　）…あらゆる人の快適さや幸福につながること。すべての人の権利が尊重されること。

● 憲法12条では公共の福祉のために憲法上の権利を濫用しないで利用する責任を定める…互いの人権の矛盾や衝突を調整。

▶ （❷　　　　　　　　）権…国民の誰もが政治に参加できる権利。

● 選挙権…選挙で政治の代表を選ぶ権利。

● （❸　　　　　　　　）…選挙に立候補する権利。

▶ （❹　　　　　　　　）…国家に意見を述べ，権利の実現を求める権利。

期日前投票制度	選挙当日に投票できない場合に，選挙期日前に投票。
不在者投票制度	滞在先や，入院先から投票。
郵便等投票制度	身体に重度の障がいがある場合，郵便などの送付で投票。
在外投票制度	外国に住んでいても日本の国政選挙に投票できる。

● 請願権…国や地方公共団体に直接政策の提案や権利救済を求める権利。

● 国家賠償請求権…公務員の不法行為からの救済を求める権利。

● （❺　　　　　　　　）を受ける権利。

▶ 国民の義務…子どもに普通教育を受けさせる義務・（❻　　　　　　　　）の義務・納税の義務。

2 これからの人権を考える　教 p.55〜p.56

▶ 新しい人権…社会の変化で今までにない新しい人権が必要。

● （❼　　　　　　　　）の権利→個人情報保護法を制定。

● （❽　　　　　　　　）権利→情報公開法や情報公開条例を制定。

● 医療での（❾　　　　　　　　）権…患者自身が治療法を選ぶ権利。

● （❿　　　　　　　　）権…良好な環境で生きる権利。

● 日照権…日照が十分な家に住む権利。

▶ 外国人の権利…可能な限り国籍を問わず保障。ただし，選挙権は保障されない。

▼臓器提供意思表示カード

満点★ミッション

❶ **公共の福祉**
すべての人の権利が等しく尊重されること。公共＝誰に対しても開かれていること。

❷ **参政権**
政治に参加する権利。選挙権は18歳以上。

❸ **被選挙権**
選挙に立候補できる権利。

❹ **国務請求権**
請願権，国家賠償請求権，裁判を受ける権利など。

❺ **裁判を受ける権利**
法律上の権利の実現を求めて裁判所に訴える権利。

❻ **勤労の義務**
働く義務。

❼ **プライバシーの権利**
自分についての情報を誰に伝え，誰に伝えないかを決定できる権利。

❽ **知る権利**
国家が保有する情報の公開を求める権利。

❾ **自己決定権**
自分の生き方を自分で決める権利。

❿ **環境権**
良い環境で生活できる権利。

テストに出る！
予想問題 第２節 基本的人権の尊重③

30分 /100点

1 次の図を見て，あとの問いに答えなさい。 10点×７〔70点〕

基本的人権を守るための権利		
	A参政権	国民が政治に参加する権利
	国務請求権 B	国家に意見を述べたり，権利の実現を求めたりする権利
		国や地方公共団体に政策提案や権利救済を求める権利

よく出る (1) 下線部が制限されるのはどのようなときですか。

(　　　　　　)の実現になることが証明されたとき

(2) (1)にあてはまる場合を次から選びなさい。 (　　)

ア 特定の人に利益を与えるとき　イ 権利を行使すると他人の権利を侵害するとき

ウ 自分の好き嫌いの感情を満足させるとき

(3) Aのうち，次の権利をそれぞれ何といいますか。

① みんなの代表として国会議員などに立候補する権利。 (　　　　　　)

② 右の資料から拡大の様子がわかる権利。

(　　　　　　)

よく出る (4) Bにあてはまる権利を何といいますか。

(　　　　　　)

(5) 憲法で定めている国民の義務について，次の文にあてはまる義務を何といいますか。

① 保護する子どもに対する義務。 (　　　　　　)

② 国の活動のために財産権が制約されている義務。 (　　　　　　)

法律の公布年		1889	1900	1919	1925	1945	2015
有権者の資格	性別	男	男	男	男	男女	男女
	年齢	満25歳以上	満25歳以上	満25歳以上	満25歳以上	満20歳以上	満18歳以上
	納税額	直接国税15円以上	直接国税10円以上	直接国税3円以上	—	—	—

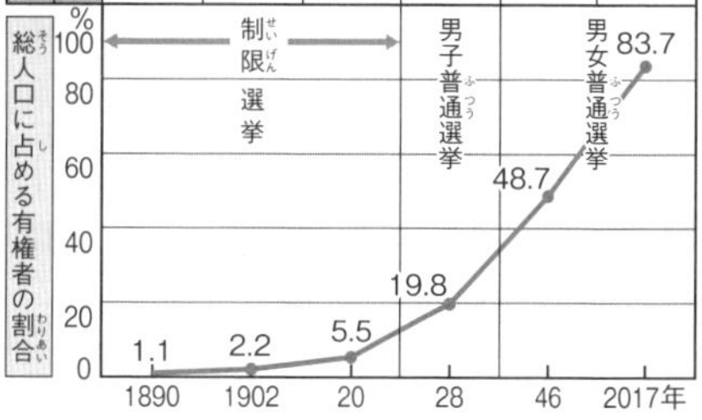

%
総人口に占める有権者の割合
100
80
60
40
20
0
制限選挙
男子普通選挙
男女普通選挙
1.1
2.2
5.5
19.8
48.7
83.7
1890
1902
20
28
46
2017年
（総務省資料）

2 人権について，次の問いに答えなさい。 (4)9点，他７点×３〔30点〕

(1) 個人情報保護法は，何の権利を守るために制定されましたか。 (　　　　　　)

(2) 知る権利を実現するために，2001年に施行された法律を何といいますか。 (　　　　　　)

(3) 右の写真の建物のつくりが配慮している権利を何といいますか。 (　　　　　　)

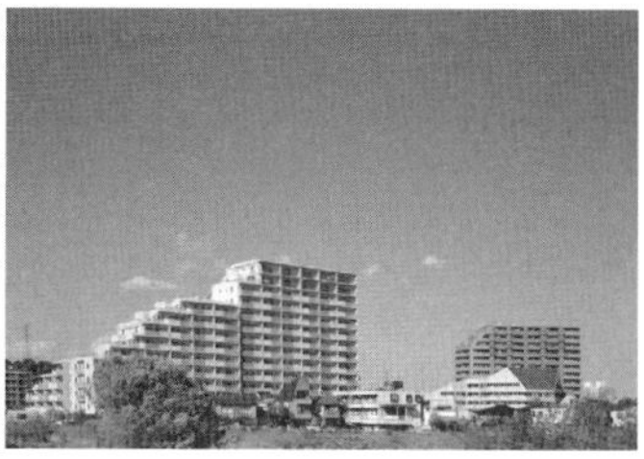

記述 (4) 近年医療で行われている，インフォームド・コンセントとはどのようなことですか。「患者」という語句を使って，簡単に書きなさい。

(　　　　　　　　　　　　　　　　　　　　)

ちょっとひといき 教科書のグラフは，そこから何が読み取れるのかを確認しておこう！

第3節 法の支配を支えるしくみ

満点ミッション

❶**権力分立**
国家権力を分けて，互いに抑制し合うこと。

❷**三権分立**
三つの権力を分ける。

❸**立法**
法を定めること。

❹**国民審査**
国民の過半数がふさわしくないと判断した最高裁判所裁判官は罷免される。

❺**最高法規**
最上位にある法。憲法のこと。

❻**憲法保障**
権力者の憲法違反を正し，憲法を維持。

❼**違憲審査**
法律や政令が憲法に違反しないか審査。

❽**憲法の番人**
最終的な違憲審査を行う最高裁判所。

❾**憲法の改正**
憲法の内容を改める。

❿**国民投票**
憲法改正など，国民が投票で決めること。

テストに出る！ ココが要点　　解答 p.5

1 権力の分立　　教 p.59〜p.60

▷ 国家機関…国家権力を行使する権限を授けられた人や組織。
● 主権者である国民の意思が示された**憲法**で与えられた権限のみを，憲法の定める手続に従って行使する。

▷ (❶　　　　　　　　　)…国家権力を一つではなく別々の機関に分割する。互いに権力の濫用を抑制し，バランス(均衡)を取る。

▷ (❷　　　　　　　　　)…国会に立法権，内閣に行政権，裁判所に司法権を担わせ，権力濫用を抑制しあうしくみ。

● **国会**…国民の代表が集まり，<u>法の支配</u>の理念にのっとって「(❸　　　　　　　　)」を行う。

● **内閣**…警察・消防・教育・経済規制などを実行→「<u>行政</u>」。

● **裁判所**…権利や義務に関する紛争を裁く→「<u>司法</u>」。

▷ (❹　　　　　　　　　)…**最高裁判所**の裁判官を審査すること。

2 憲法の保障・改正と私たち　　教 p.61〜p.62

▷ 憲法…国の(❺　　　　　　　　)。
憲法に違反する法律は無効となる。

▷ (❻　　　　　　　　　)…主権者である国民が，権力者を監視する。

▷ (❼　　　　　　　　　)…<u>最高裁判</u>所が国会の作る法律や内閣の定める政令などが憲法に違反していないか審査する権利。最高裁判所は<u>憲法</u>の(❽　　　　　　　　)。

● 国会議員の選挙で，選挙区の人口の多い，少ないで一票の価値に大きな差が出る**一票の格差**を違憲と判断→是正を求める。

▷ (❾　　　　　　　　　)の改正…**憲法96条**で手続きを規定。

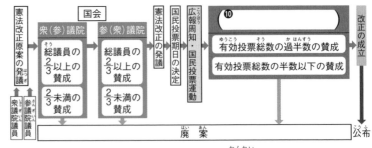

▷ 憲法改正国民投票法(2007年)…投票年齢は<u>18歳</u>以上。

ココが要点の答えになります。

テストに出る！

予想問題　第3節 法の支配を支えるしくみ

⏱30分　/100点

1 次の図を見て，あとの問いに答えなさい。　10点×6〔60点〕

よく出る

(1) 図のように，国の権力を三つの機関に分けることを何といいますか。（　　　）

(2) □□にあてはまる権力をそれぞれ何といいますか。
　①（　　　）
　②（　　　）

(3) 下線部について，誤っている文を次から選びなさい。（　　　）

ア　すべての裁判所が違憲審査権を持っている。

イ　違憲かどうかを判断することはできるが，無効にすることはできない。

ウ　最高裁判所は最終的に判断する権限をもつことから憲法の番人とよばれる。

エ　一票の格差などで違憲判決が出たことがある。

(4) 右の写真は図中のA〜Cのどれと関係が深いですか。（　　　）

記述(5) 図のしくみをとる理由を，「権力」「バランス」という語句を使って簡単に書きなさい。
（　　　　　　　　　　　　　　　　　　）

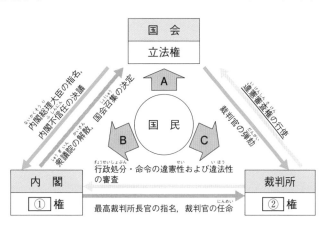

2 右の憲法改正の手続を示した図を見て，次の問いに答えなさい。　8点×5〔40点〕

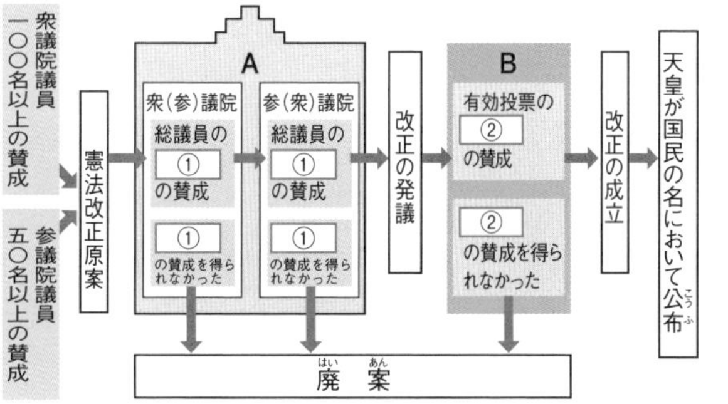

よく出る

(1) A・Bにあてはまる語句を書きなさい。
　A（　　　）
　B（　　　）

(2) (1)のBについて，2007年制定の法律で，これに参加できる年齢は何歳以上と定められましたか。
（　　　）歳以上

(3) ①・②にあてはまる語句や数字をそれぞれ書きなさい。
①（　　　）②（　　　）

ちょっとひといき　三権分立の図は，自分でもかいてみるとわかりやすいよ！

第1節 民主政治と私たち

満点★ミッション

テストに出る！ ココが要点 解答 p.6

1 国民の願いを実現するために 教 p.67〜p.68

▷ (**❶**) …個人や集団の希望を満たし，対立を調整する努力から社会の秩序を保ち，社会全体の利益を増進。

●**法律**…**権力**により人々の人権を奪われないよう，権力の使い方や使ってはいけない場面を定め，人権を保障する基準となる。

▷ (**❷**)**制**…選挙で国民の意思を代表する人を選び，法律を定める力を委ねる制度。

●**直接民主制**…国民の意思を直接政治に反映させる。国のすべての政治で行うのは難しい。

◇憲法改正の国民投票，最高裁判所裁判官の国民審査に導入。

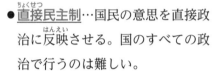

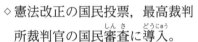

▷ <u>国会(議会)</u>…代表者である (**❸**) が集まり国民の願いを実現するために討議する場。

●このような制度を (**❹**) <u>民主主義</u>とよぶ。

●国会では人々の願いや利害の対立を調整するために国会議員が話し合って法律と (**❺**) が作られる。

2 世論とマスメディア 教 p.69〜p.70

▷ (**❻**) …政治に関する人々の意見。

▷ (**❼**) …選挙で政治家が有権者に行う約束。

●特に，政権を取ったときに実現する約束を (**❽**) (<u>マニフェスト</u>)ということもある。

▷ (**❾**) …世論と政治を結ぶ役割を果たす。マスメディアによる情報発信を**マスコミュニケーション**という。

●マスメディアの情報をうのみにせず，信頼できる情報は何かを冷静に判断する力＝ (**❿**) が必要。

▷ インターネットの普及→ホームページや (**⓫**) (<u>ＳＮＳ</u>)を利用する政治家が増加。直接有権者に活動を伝える。

●長所…選挙権がない若者も政治家に意見を伝えられる。

●短所…情報通信機器の有無で，得られる情報量に差が出る。

---

❶政治
一般的に国や地方公共団体の働きのこと。

❷間接民主制
国民の代表者が政治について決めるしくみ⇔直接民主制。

❸国会議員
選挙で選ばれた国会の議員。

❹議会制民主主義
代表者が，議会で国民の願いを実現するために討議するしくみ。

❺予算
費用。国の1年間の計画を国会で審議して予算の額を決める。

❻世論
人々の意見。国会議員を通じ政策に反映。

❼公約
政治家の有権者に対する約束。

❽政権公約
マニフェスト。

❾マスメディア
テレビや新聞など，大量の情報を大衆に伝達する手段。

❿メディアリテラシー
情報の真偽を見極め，読み取る力。

⓫ソーシャルメディア
ＳＮＳ。

③ 政党の役割　教 p.73〜p.74

▶ 政党…同じ政策や考え方を持つ人々が、それらを実現するために作るグループ。政策の実現と政権の獲得を目的とする。

- (⑫　　　　　　)…国会で議席の過半数を占めた政党(または政党の連合)⇔これに対する政党を野党とよぶ。

▶ (⑬　　　　　　)政治…政党を中心に国会の運営を行う。複数政党制で、自分の考えに近い政策の政党に投票できる。

- 圧力団体…議会や政府に働きかけて政策の実現を目指す。

▶ 55年体制…1955年以後の自由民主党(自民党)を与党、日本社会党(現在の社会民主党)を野党とした政党政治の時代。

- 1990年以降は政治不信から、支持政党のない無党派層が拡大、政党の再編成←1993年以降は(⑭　　　　　　)政権が多い。
- 2009年民主党が政権獲得(政権交代)。
- 2012年以降は自民党と公明党の連立政権。新しい政党も誕生。

④ 選挙制度とその課題　教 p.75〜p.76

▶ 選挙の原則…かつては制限選挙、公開選挙もあった。

普通選挙	平等選挙	秘密選挙	直接選挙
(⑮　　)歳 以上の全国民	1人1票	無記名で投票	有権者が直接投票

▶ (⑯　　　　　　)法…日本の選挙制度を定めたきまり。

小選挙区制	(⑰　　　　　　)制
◇候補者に投票し、1人だけ当選。 ◇大きな政党に有利。 ◇(⑱　　　　)が多くなる。	◇政党に投票。 ◇さまざまな世論を反映しやすい。 ◇政党が乱立するおそれ。
A候補　5票 B候補　4票 C候補　3票　　最多得票の1人が当選	A党　10票 B党　5票 C党　2票　　政党の得票数に応じて当選

▶ 衆議院での選挙…中選挙区制→(⑲　　　　　　)並立制へ。

- 参議院では選挙区選挙と比例代表制を組み合わせている。

▶ (⑳　　　　　　)…議員一人あたりの有権者数の格差。

▶ (㉑　　　　　　)…政府が政治資金の一部を補助し、その使いみちの報告が義務付けられている費用。

▶ 連座制…選挙運動の責任者が違反すると候補者の当選も無効。

⑫与党
政権を担当する政党。

⑬政党政治
政党を軸として行う政治。

⑭連立政権
複数の政党で政権を運営すること。

⑮18歳以上
選挙権の年齢。2015年に20歳以上から引き下げられた。

⑯公職選挙法
選挙運動のルールや未成年者の選挙運動の禁止などを規定。

⑰比例代表制
政党名で投票する。ドント式という、各政党の得票数を整数で割った商の大きい順に議席を配分するしくみ。

⑱死票
反映されない票。

⑲小選挙区比例代表並立制
小選挙区制と比例代表制を合わせた制度。

⑳一票の格差
選挙区の有権者数の差で当選に必要な票数が変わってしまう問題。

㉑政党交付金
政治家が違法な資金集めをしないようにする交付金。

テストに出る！ 予想問題

第1節 民主政治と私たち

⏱30分

/100点

1 次の文を読んで，あとの問いに答えなさい。

5点×6〔30点〕

> 　人々の願いや利害の対立を調整して，社会全体の利益を増進させていく働きを政治という。a 政治においては，権力をどのように使うかを定め，人権を保障するための基準となるのが（　　　）である。
> 　社会が大規模で複雑になると，b 有権者全員が直接政治に参加する制度を国の政治のすべてにおいて行うことはできなくなる。そこで多くの国では，c 選挙によって代表者を選び，（　　　）を定める力をその代表者に委ねるという制度が取り入れられている。

(1) （　　　）に共通してあてはまる語句を漢字2字で書きなさい。　（　　　　　　　）

(2) 下線部 a は一般的に何の働きを指しますか。2つ書きなさい。

（　　　　　　　　　）（　　　　　　　　　）

(3) 下線部 b と c の制度をそれぞれ何といいますか。次から選びなさい。

b（　　　）　c（　　　）

ア　間接民主制　　イ　専制政治　　ウ　多数決　　エ　直接民主制

(4) 下線部 c について，代表者が国会(議会)に集まり，そこで討議をして政治を進めるしくみを何といいますか。漢字7字で書きなさい。　（　　　　　　　　　）

2 右の図を見て，次の問いに答えなさい。

4点×5〔20点〕

(1) 有権者は図中の項目以外にも，政党が政権を取ったときに実現する約束を参考にして投票します。この約束をカタカナで何といいますか。（　　　　　　　　　）

▼だれに投票するか決めるのに役立ったもの

(複数回答)
- 選挙公報 18.5
- 経歴放送(テレビ) 16.8
- 候補者の政見放送(テレビ) 14.4
- 政党の政見放送(テレビ・インターネット) 12.0
- 党首討論会 10.2
- 候補者の新聞広告 9.2
- 候補者のポスター 7.5
- 政党の新聞広告

(2019年)　(明るい選挙推進協会資料)

(2) 図では，役立ったものとして，テレビの政見放送や新聞広告などがあげられています。テレビや新聞のように，大量の情報を大衆に伝達する手段のことを何といいますか。　（　　　　　　　　　）

(3) (2)は政治に関する人々の意見に影響を与えます。この政治に関する人々の意見のことを何といいますか。　（　　　　　　　　　）

(4) テレビや新聞などの流す情報をうのみにせず，それらの情報を的確に判断し活用する能力のことを何といいますか。　（　　　　　　　　　）

(5) 記述 インターネットを使った政治活動で有権者にとってよいことを簡単に書きなさい。

（　　　　　　　　　　　　　　　　　　　　　）

ちょっとひといき　テスト前日の夜は，早めに寝ておこう！

3 右の図を見て，次の問いに答えなさい。
5点×5〔25点〕

(1) 図のA党～C党のような政党の活動の目的は何ですか。次から２つ選びなさい。 (　　)(　　)

ア 政権の獲得　　イ 政治資金の助成

ウ 選挙の運営　　エ 政策の実現

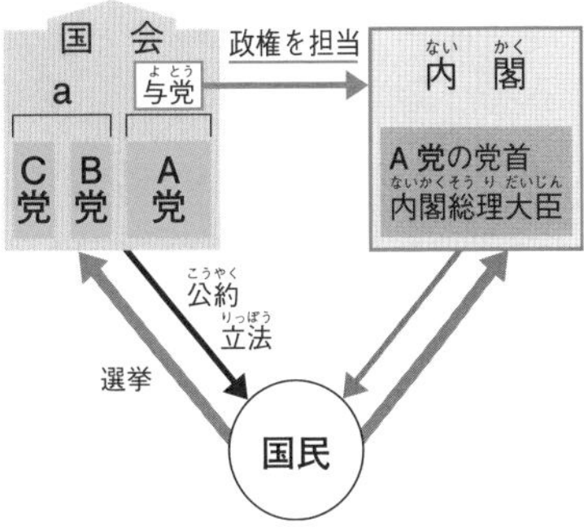
国会
a
与党
C党
B党
A党
政権を担当
内閣
A党の党首
内閣総理大臣
公約
立法
選挙
国民

(2) 図のように民主政治の下で，複数の政党から国民が選挙で選ぶことで，意見を反映し，国会の運営も政党を中心とする政治のしくみを何といいますか。
(　　　　　)

よく出る (3) 図中のaにあてはまる，政権を担当しない政党のことを何といいますか。
(　　　　　)

よく出る (4) 図中の下線部について，政権を担当する与党は複数の場合もあります。複数の政党が集まって作る政権のことを何といいますか。 (　　　　　)

4 選挙に関して，次の問いに答えなさい。
(2)4点　他3点×7〔25点〕

(1) 次の選挙の原則をそれぞれ何といいますか。□から選びなさい。

① 一定の年齢以上のすべての国民に投票権を認める。 (　　　　　)

② 無記名で投票する。 (　　　　　)

③ １人１票の投票権をもつ。 (　　　　　)

秘密選挙	平等選挙	普通選挙	制限選挙

記述 (2) １つの選挙区から１人の代表を選ぶ小選挙区制の問題点を，１つ簡単に書きなさい。
(　　　　　　　　　　　　　　　　　　　　)

(3) 政党に投票し，政党の得票数に応じて当選者が決まる選挙制度を何といいますか。
(　　　　　)

(4) 右のグラフは，2019年の衆議院議員選挙区における議員１人あたりの有権者数が最多の東京第13区と，最少の鳥取第１区を表しています。有権者がもつ一票の価値が重いのはどちらの選挙区ですか。 (　　　　　)

▼衆議院選挙区における議員１人あたりの有権者数

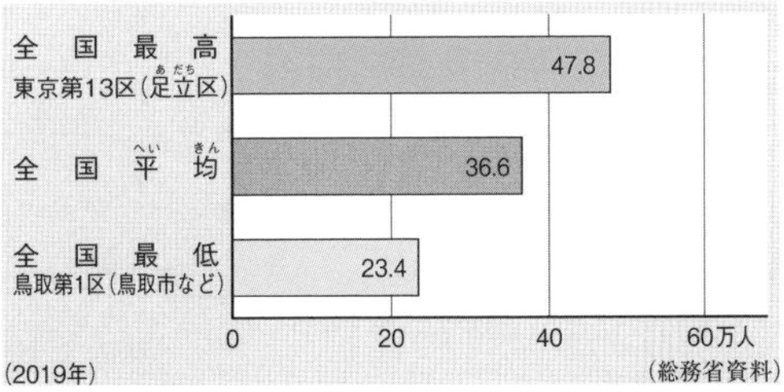
全国最高
東京第13区(足立区)
47.8
全国平均
36.6
全国最低
鳥取第1区(鳥取市など)
23.4
0
20
40
60万人
(2019年)
(総務省資料)

(5) 選挙区や議員定数などの選挙制度について定めた法律を何といいますか。 (　　　　　)

(6) 選挙運動の責任者などが違反で有罪となったときに，候補者の当選が無効になる制度を何といいますか。 (　　　　　)

ちょっとひといき　テスト前は，ニュースや新聞もしっかりチェックしておこう！

第2節 国の政治のしくみ①

満点★ミッション

❶国会
唯一の立法機関で，国権の最高機関。

❷立法機関
法律を制定する機関。

❸内閣総理大臣
行政機関のトップ。

❹二院制
多様な意見を反映し，慎重な審議を行うため，議会を2つの議院で構成。

❺衆議院の優越
法律案・予算の議決，内閣総理大臣の指名などで，衆議院が参議院より大きな権限が与えられていること。

❻解散
任期の途中で議員全員がやめる。衆議院のみ行うことができる。

❼常会（通常国会）
毎年必ず開かれる国会。会期は150日間。

❽本会議
議員全員で議決を行う会議。

❾委員会
分野ごとに審議を行う会議。

❿議員立法
議員が法案を議会に提出すること。

テストに出る！ **ココが要点** 解答 p.7

1 国会の役割としくみ 教 p.77〜p.78

▶ （**❶** ）…強い権限が与えられる国権の最高機関。

● 法律を定めることができる唯一の（**❷** ）機関。

● 予算を定め，税金を何に使い，何を優先して行うかを決める

● その他（**❸** ）の指名，内閣不信任の決議，弾劾裁判所の設置，条約の承認，憲法改正の発議，国政調査権など。

▶ （**❹** ）…

衆議院と参議院からなる。

● 二つの議院の意見が異なる→両院協議会で調整。

● （**❺** ）の優越
…参議院より任期が短く，
（**❻** ）があるため。

▶ 国会議員は歳費の支給，不逮捕特権，免責特権を持つ。

	衆議院	参議院
議員定数	465人	245人※
任期	4年	6年
選挙権	18歳以上	18歳以上
被選挙権	25歳以上	30歳以上
選挙区	小選挙区 289人	選挙区 147人※
	比例代表 176人	比例代表 98人※
解散	ある	ない

※2022年に3人（選挙区1，比例代表2）を増やす予定。

2 国会の現状と課題 教 p.79〜p.80

▶ （**❼** ）（通常国会）…年1回1月に開会。

● 臨時会（臨時国会），特別会（特別国会），参議院の緊急集会。

● ①多数決の原理。②公開の原則。③定足数→（**❽** ）
で総議員の3分の1以上，委員会で2分の1以上の出席が必要。

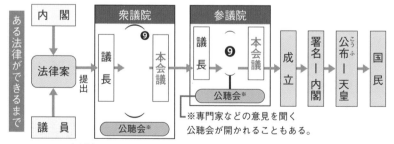

※専門家などの意見を聞く公聴会が開かれることもある。

▶ 国民主権の観点から積極的な（**❿** ）が必要。

▶ 党首討論などを通して「言論の府」としての機能や，社会の多様性を反映するために女性議員を増やすことも課題。

ココが要点の答えになります。

予想問題　テストに出る！　第2節 国の政治のしくみ①

⏱ 30分　/100点

1 次の文を読んで，あとの問いに答えなさい。　(3)20点　他10点×3〔50点〕

> 日本国憲法は，国会の地位を「国権の最高機関であって，国の唯一の（　A　）機関である」と定め，ₐ国会に強い権限を与えている。国会は衆議院と参議院からなり，両院の議決が異なった場合には（　B　）が開かれることがある。そこでも意見が一致しない場合は，いくつかの事項で♭衆議院の優越が認められている。

(1) 文中のA・Bにあてはまる語句をそれぞれ書きなさい。　A（　　　　　　　）
　　　　　　　　　　　　　　　　　　　　　　　　　　B（　　　　　　　）

(2) 文中の下線部aについて，国会は政策の決定に必要な情報を収集し，調査する権限をもっています。この権限を何といいますか。　（　　　　　　　）

記述 (3) 文中の下線部bについて，衆議院が参議院よりも大きな権限が与えられている理由を「解散」「任期」「国民」の語句を使って簡単に書きなさい。

　（　　　　　　　　　　　　　　　　　　　　　　　　　　　　　　　）

2 次の図を見て，あとの問いに答えなさい。　(4)5点×3，他7点×5〔50点〕

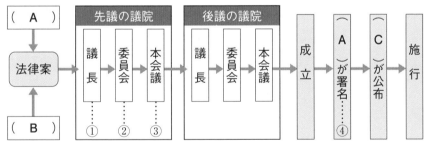

(1) A〜Cにあてはまる語句を，右上の□□からそれぞれ選びなさい。
　　A（　　　　　　　）　B（　　　　　　　）　C（　　　　　　　）

(2) 専門家などの意見を聞く公聴会が開かれるのは，①〜④のうちのどこですか。　（　　　）

(3) ③の定足数を次から選びなさい。　（　　　）

　　ア　過半数　　イ　3分の1以上　　ウ　3分の2以上

(4) 右の表のX〜Zにあてはまる語句を□□からそれぞれ選びなさい。
　　X（　　　　　　　）　Y（　　　　　　　）
　　Z（　　　　　　　）

種類	召集
X	年1回，1月に召集
Y	内閣か，いずれかの議院の総議員の4分の1以上が要求した
Z	衆議院解散後の総選挙の日から30日以内

　　臨時会　　特別会　　常会

第2節 国の政治のしくみ②

テストに出る！ **ココ が 要点** 解答 p.7

1 内閣の役割 教 p.81〜p.82

▶ (**❶**)…国会が定めた法律や予算に基づき，国の立場から国民のために仕事を行うこと。

● 教育・文化，社会保障，公共事業，産業振興，治安など，それぞれ専門の行政機関が分担。

▶ (**❷**)…各行政機関の頂点。行政全体に責任。

● 法律案，予算案の作成と提出，政令の制定，条約の締結，国事行為に対する助言と承認，最高裁判所長官の指名など。

▶ 内閣の組織…最高責任者である (**❸**)(首相)と14〜17名の国務大臣(過半数は国会議員から選出)で構成。

● 首相が国務大臣の任命・罷免を行う。

▶ (**❹**)…内閣総理大臣と国務大臣全員が出席し，全会一致で決定する。

▶ (**❺**)…内閣が国会に連帯して責任を負う制度。

● 衆議院で内閣不信任決議が可決→内閣は (**❻**)するか10日以内に衆議院を解散して総選挙を行う。

● 大統領制…大統領の権限は議会から独立。アメリカなど。

2 行政の役割と課題 教 p.83〜p.84

▶ 国や地方の公的機関で働く (**❼**)(国家公務員と地方公務員)が行政の仕事を実行。

▶ (**❽**)の拡大

● 省令…各省庁は企業の事業に許可や認可を行う権限を持ち，助言や指導(行政指導)を行う。

▶ (**❾**)…むだを省いて効率的な行政を目指す。

▶ 地方分権…国から地方に権限や財源を移す。

▶ 行政の (**❿**)…新たな分野に民間企業が参入→経済の活性化。大幅に規制を緩めた特区を設置。

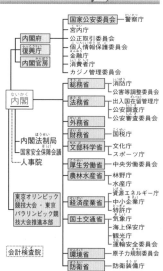

満点 ★ ミッション

❶行政
法律や予算に基づいて政治を行うこと。

❷内閣
国会や裁判所が行う以外の，国に関するすべての仕事を担当する機関。

❸内閣総理大臣
内閣の長。国会議員から指名される。

❹閣議
政府の方針を決める内閣総理大臣と国務大臣による会議。

❺議院内閣制
内閣が国会に連帯責任を負う制度。

❻総辞職
内閣の全閣僚が辞職すること。

❼公務員
国民全体に奉仕し，公共の利益のために，法律に従って働く。

❽行政権の拡大
国家で行政の役割が大きくなっていること。

❾行政改革
行政の無駄を省く。

❿規制緩和
民間にできることを民間に任せるために規制を緩めること。近年の民泊など。

ココ が 要点 の答えになります。

テストに出る！ 予想問題

第２節 国の政治のしくみ②

30分 /100点

1 右の図を見て，次の問いに答えなさい。 8点×7〔56点〕

(1) Aにあてはまる内閣の長を何といいますか。漢字６字で書きなさい。(　　　)

(2) Aと国務大臣全員が出席して開かれる，内閣の方針を定める会議を何といいますか。(　　　)

(3) a〜cにあてはまる語句を□からそれぞれ選びなさい。 a(　　　) b(　　　) c(　　　)

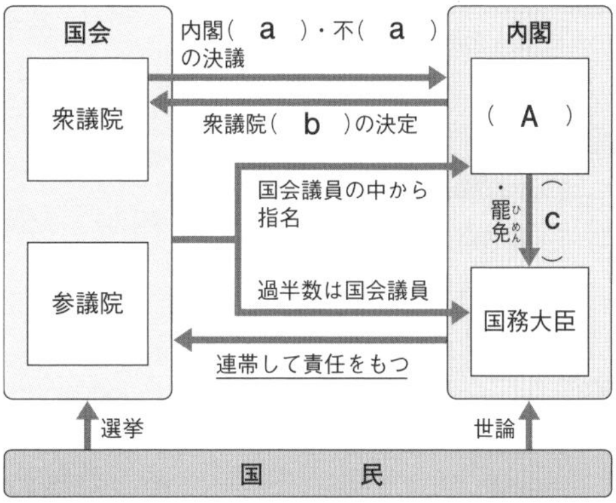

国会
衆議院
参議院
内閣(a)・不(a)の決議
衆議院(b)の決定
国会議員の中から指名
過半数は国会議員
連帯して責任をもつ
内閣
(A)
(c)・罷免
国務大臣
選挙
世論
国　民

任命	信任	拒否	総辞職	命令	解散

よく出る (4) 下線部のような，内閣が国会に対して連帯して責任をもつしくみを何といいますか。(　　　)

よく出る (5) 内閣の仕事を次からすべて選びなさい。(　　　)

ア 条約の承認　イ 弾劾裁判所の設置　ウ 予算案の作成　エ 条約の締結

オ 法律の制定　カ 天皇の国事行為に対する助言と承認　キ 憲法改正の発議

2 行政について，次の問いに答えなさい。 (4)5点×4，8点×3〔44点〕

(1) 国や地方公共団体の行政機関で働く職員をまとめて何といいますか。(　　　)

(2) (1)は，国民(　　　)に奉仕するものであって，一部の奉仕者ではありません。(　　　)にあてはまる語句を，漢字２字で書きなさい。(　　　)

(3) 各省庁が法律を実際に適用するために定める細かな基準を何といいますか。(　　　)

(4) 次の文について，正しいものには○，あやまっているものには×を書きなさい。

① 無駄のない効率的な行政を目指す行政改革が進められている。(　　)

② 現代の国家では行政に比べて立法の役割が大きくなっており，こうした状況を立法権の拡大という。(　　)

③ 規制緩和とは，行政指導を強め，民間企業の仕事を減らすことである。(　　)

④ 国の各省庁は事業の許可・認可を行う権限をもち，企業や国民の経済活動に強い影響を与えている。(　　)

ちょっとひといき テストの日の朝，友達と問題を出し合ってみよう！

第2節 国の政治のしくみ③

満点★ミッション

❶裁判所
司法を担当する国家機関。

❷民事裁判
行政裁判もこの一種。当事者同士で話し合って解決する。和解もある。

❸原告
民事裁判で訴えた人。⇔被告。

❹刑事裁判
犯罪があったかどうかを判断する裁判。

❺被告人
刑事裁判で起訴された人。起訴される前の，罪を犯したと疑われる人は被疑者。

❻控訴
第一審に不服の場合に第二審に訴える。

❼司法権の独立
裁判所が，国会・内閣から独立すること。裁判官は自己の良心と憲法・法律にのみ従う。

❽弾劾裁判
裁判官を裁く裁判。

❾令状
裁判官が発行する捜査令状や逮捕令状。

❿裁判員制度
国民が刑事裁判に参加する制度。

テストに出る！ ココが要点　　解答 p.8

1 私たちの生活と裁判　　教 p.87〜p.88

▶ 司法(裁判)…権利と権利の対立が生じたときに，憲法や法律で公正に解決する働き。

● (❶　　　　　　) によって原則，公開で実施される。

●国民は憲法により裁判を受ける権利が保障される。

▶ (❷　　　　　　) 裁判…個人(私人)間の対立を解決。

● (❸　　　　　　) と被告の主張から，裁判所が判決を下す。

▶ (❹　　　　　　) 裁判…犯罪があったかどうかを判断し，あった場合は刑罰を決める裁判。

●被疑者を (❺　　　　　　) として検察官が訴える(起訴)。

▶ 三審制…慎重に審理して間違いをなくすため，一つの事件について3回まで裁判。

▶ 新たな証拠が出た場合は再審請求ができる。…えん罪対策。

▶ (❼　　　　　　) の独立
…公正・中立な裁判のために裁判所は国会・内閣から独立。

●裁判官は，心身の故障か国会による (❽　　　　　　) での罷免，国民審査でしか辞めさせられない。

[図：三審制のしくみ]

最高裁判所

特別上告抗告　上告　上告　上告　特別抗告

高等裁判所

❻抗告　上告　❻　❻　抗告

家庭裁判所　地方裁判所　家庭裁判所

❻　　(❻　　　　　　)

簡易裁判所

〈民事裁判〉　〈刑事裁判〉

2 人権を守る裁判とその課題　　教 p.89〜p.90

▶ 刑事裁判では被疑者や被告人の権利を特に手厚く保障。

● (❾　　　　　　) なしには捜査や逮捕をされない，弁護人を頼む権利，黙秘権，強制による自白の無効，推定無罪の原則。

▶ 司法制度改革…司法を身近なものにするために進められる。

●法科大学院の創設，司法取引，取り調べの可視化，犯罪被害者やその家族の刑事裁判への参加など→裁判の迅速化に期待。

● (❿　　　　　　) 制度…重大な犯罪の刑事裁判の第一審が対象。20歳以上の国民からくじで選ばれた裁判員6人と，裁判官3人が対等に議論し，有罪か無罪かを判断する。

テストに出る！

予想問題　第２節　国の政治のしくみ③

30分　/100点

1　右の図を見て，次の問いに答えなさい。　6点×8〔48点〕

(1)　A・Bにあてはまる裁判所を次からそれぞれ選びなさい。

A（　　）
B（　　）

ア　高等裁判所　　イ　行政裁判所
ウ　弾劾裁判所　　エ　地方裁判所

最高裁判所
b
特別抗告
B
a
抗告
家庭裁判所
A
家庭裁判所
簡易裁判所
X
Y

(2)　a・bにあてはまる上級の裁判所への訴えを何といいますか。それぞれ漢字２字で書きなさい。

a（　　　　）　b（　　　　）

よく出る (3)　図のように，一つの事件について３回まで裁判が受けられるしくみを何といいますか。

（　　　　）

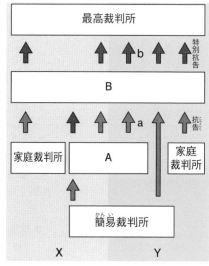

(4)　次の①・②はXとYのどちらの裁判にあてはまりますか。

①　原告と被告がそれぞれ自分の考えを主張し，裁判官が判決を下す。（　　）

②　被疑者を検察官が被告人として起訴して裁判が行われる。（　　）

よく出る (5)　国民が直接裁判官をやめさせることができるしくみは何ですか。漢字４字で書きなさい。

（　　　　）

2　次の文を読んであとの問いに答えなさい。　(1)7点×4　他8点×3〔52点〕

a <u>刑事裁判</u>では，罪を犯したと疑われる人や起訴された人の権利が手厚く保障されている。まず，捜索や逮捕には，原則として（ A ）官が発行する捜索（ B ）や逮捕（ B ）が必要である。逮捕されたあとも，（ C ）人を頼む権利が認められている。取り調べでは，自分に不利なことを言わなくてよい（ D ）権が認められ，強制された自白は証拠にならない。そして，被疑者や被告人は b <u>有罪の判決を受けるまでは無罪と見なされる</u>。

(1)　A～Dにあてはまる語句を□からそれぞれ選びなさい。

令状	黙秘
弁護	裁判

A（　　　　）　B（　　　　）
C（　　　　）　D（　　　　）

(2)　下線部aの審理に国民が参加する制度を何といいますか。（　　　　）

(3)　下線部bのことを何の原則といいますか。（　　　　）

(4)　他人の犯罪を明かす見返りに刑を軽くする制度を何といいますか。（　　　　）

ちょっとひといき　教科書にのっている写真も要チェック！

第2部 第2章 民主政治

第3節 地方自治と私たち

満点★ミッション

❶地方公共団体
地域の諸問題に取り組む。地方自治体。

❷地方自治
国から独立した地方公共団体の政治。

❸住民自治
地域の問題を地域住民で解決する。憲法93条で規定。

❹団体自治
地方公共団体が国から独立して政策を実行できるしくみ。憲法94条で規定。

❺民主主義の学校
地方自治のこと。

❻地方分権
⇔中央集権。

❼条例
その地方公共団体内だけに適用されるきまり。

❽直接請求権
直接民主制を取り入れた制度。住民の署名を集めて請求する。

❾住民投票
住民が政策に対する投票を直接行う。結果に法的拘束力はない。

❿非営利組織（NPO）
営利を目的とせずに社会貢献活動を行う。

テストに出る！ **ココが要点** 解答 p.8

1 地方自治と地方公共団体 　教 p.93〜p.94

▶ （**❶**　　　　　　　　）（地方自治体）…市町村や特別区, 都道府県。

● 住民の安全を守る活動（消防, 警察など）, 道路や上下水道の整備, 住民の生活を維持・向上させる仕事（教育・福祉など）。

▶ （**❷**　　　　　　　　）…地方の政治では, 住民がみずからの意思と責任で地方の政治に取り組むしくみがとられる。

（**❸**　　　　　　　）	（**❹**　　　　　　　）
地域の住民自身がみんなで問題を解決するしくみ。	法律に違反しない限り, 独自に政策を決定し, 実行することができるしくみ。

● 直接参加できる場面が多い…「（**❺**　　　　　　）の学校」。

▶ （**❻**　　　　　　　）…地域の実情に合った取り組みが行えるように, 国から地方公共団体に多くの権限が移された。

● 2000年に地方分権一括法を施行。地方自治法などを改正。

2 地方公共団体のしくみと政治参加 　教 p.95〜p.96

▶ 地方議会と首長（都道府県知事や市（区）町村長）が置かれる。

▶ 地方議会の仕事…独自の（**❼**　　　　）の制定, 予算の決定など。

▶ 首長…条例・予算案の作成, 予算が実行されるよう行政機関を指揮監督。

● 議会と首長が互いに監視し合うしくみ。権力の集中を防ぐ。

▶ （**❽**　　　　　　　）権が幅広く認められる。

▶ 住民の意見を反映させる（**❾**　　　　　　）。

▶ 防災やまちづくりへの住民参加が求められ, 地方公共団体と自治会, （**❿**　　　　　　）（NPO）, ボランティアが協力しあう。

▼選挙権・被選挙権

	選挙権	被選挙権
市町村長	18歳以上	25歳以上
都道府県知事	18歳以上	30歳以上
都道府県・市町村議会議員	18歳以上	25歳以上

▼直接請求権の内容

内容	必要な署名	請求先
条例の制定・改廃	有権者の$\frac{1}{50}$以上	首長
事務の監査		監査委員
議会の解散	有権者の$\frac{1}{3}$以上	選挙管理委員会
議員・首長の解職		
主要な職員の解職		首長

ココが要点の答えになります。

3 地方財政の現状と課題　　　教 p.97〜p.98

▶ (⑪　　　　　) …税金などを元に地方公共団体がさまざまな事業を行う働き。

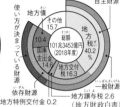

▼地方公共団体の歳出と歳入

歳出
衛生費
その他 16.0
6.4 民生費 26.2%
9.5 総額
98兆206億円
(2018年度)
土木費 教育費
12.1 公債費 17.2
総務費 12.6

(2018年度)

歳入
地方債
その他 15.7
使い方が 地方
決まって 10.4 税
いる財源 40.2
総額 %
101兆3453億円
国庫 (2018年度)
支出金
14.6 一般財源
地方交付
税交付金 地方讓与税 2.6
16.3 地方特例交付金 0.2
依存財源 (地方財政白書)

● (⑫　　　　　) …一年間の支出。高齢者福祉や学校運営，道路建設など。優先順位をつけて行う。

▶ (⑬　　　　　) …地方公共団体の一年間の収入。

● (⑭　　　　　) …地方公共団体が自主的に徴収できる財源。住民税，事業税などの (⑮　　　　　) 税や公共施設の使用料など。

● (⑯　　　　　) …自主財源以外の財源。格差を減らすために国から配分される (⑰　　　　　) や使い方が限定される国庫支出金，それでも不足すれば地方債の発行による借金。

▶ 自立した地方財政のために (⑱　　　　　) などの財政改革が進められる。

● 財源が限られる中，無駄を省き持続可能な行政を目指す。

● 地域により，税金の使い方や行政の不正などを調査・監視する (⑲　　　　　) が活動している。

▶ 少子高齢化や人口流出が課題。

4 私たちと政治参加　　　教 p.99〜p.100

▶ 若い世代の (⑳　　　　　) が低いことや政治に対する無関心の広まり→若者の意見を政治に反映するために積極的な政治参加が必要。

● 2015年に公職選挙法が改正。選挙権年齢が20歳から18歳に引き下げられる。

▼さまざまな政治参加の方法

	制度あり	制度なし
間接的	・選挙	・圧力団体
直接的	・国民審査 ・憲法改正の国民投票 ・直接請求権	・住民運動

▶ 市町村合併の是非を問う住民投票，路上喫煙禁止条例の制定など，中学生も活動に参加。

● 積極的な政治参加が社会を変える力をもつ。

▶ 主権者としての意思を政治に反映するために，一人一人が積極的に社会づくりに参画することが大切。

満点★ミッション

⑪地方財政
　地方公共団体の経済活動。

⑫歳出
　国や地方公共団体の一年間の支出。

⑬歳入
　国や地方公共団体の一年間の収入。

⑭自主財源
　地方公共団体が独自に徴収した財源。ふるさと納税などの収入もある。

⑮地方税
　税金のうち，地方公共団体の歳入になるもの。地方消費税や自動車税などもある。

⑯依存財源
　地方公共団体の自主財源以外の財源。

⑰地方交付税交付金
　国から配分されるお金。使い道の限定はない。不交付の地方公共団体もある。

⑱税源移譲
　国から地方へ財源が移されること。

⑲オンブズマン
　税金の使い方や行政の不政を監視する人。オンブズパーソンともいう。

⑳投票率
　有権者のうち，実際に投票した人の割合。

テストに出る！

予想問題　第３節　地方自治と私たち

30分　/100点

1 次の文を読んで，あとの問いに答えなさい。　5点×4〔20点〕

地方の政治では，その地域の住民自身が問題を解決する（ A ）の原則がとられている。また，市町村や都道府県などの a 地方公共団体は，法律に違反しない限り，独自に政策を決定し実行することができる。このように住民がみずからの意思と責任で地方の政治に取り組むしくみを，b 地方自治とよぶ。近年は，各地方公共団体が地域の実情に合った取り組みをより自主的に行えるようにする（ B ）が進められている。

⑴　A・Bにあてはまる語句をそれぞれ書きなさい。

A（　　　　　　）　B（　　　　　　）

⑵　下線部aについて，地方公共団体の仕事ではないものを次から選びなさい。（　　）

ア　消防や警察など，住民の安全を守る活動。

イ　教育や福祉など，住民の生活を維持・向上させる活動。

ウ　法律の制定など，住民のきまりを作る活動。

エ　道路や上下水道の整備など住民の生活を豊かにする活動。

⑶　下線部bについて，地方自治は住民一人一人が主体的に，そして直接政治に参加することから何の学校とよばれますか。（　　　　　　）の学校

2 右の図を見て，次の問いに答えなさい。　5点×6〔30点〕

⑴　首長について，都道府県の首長を何といいますか。

（　　　　　　）

地方自治のしくみ

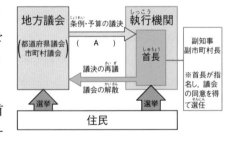

⑵　Aについて，次の文の（　　）にあてはまる語句を書きなさい。（　　　　　　）

●議会は首長の（　　）を決議することができる。

⑶　住民が一定の署名を集めることで議会の解散や首長の解職を求めることができる権利を何といいますか。（　　　　　　）

⑷　⑶について，右の表の①・②にあてはまる数字を次からそれぞれ選びなさい。

①（　　）②（　　）

ア　50分の1　　イ　20分の１　　ウ　３分の１

	条例の制定・改廃	議会の解散	主要な職員の解職
必要な署名数	①	②	②

⑸　政治参加の一つの方法として，ボランティア活動があります。このような社会貢献活動を行う，非営利の組織を何といいますか。（　　　　　　）

ちょっとひといき　わからない問題はずっと悩まない！ 答えを見て，次は解けるようにしよう！

3 右のグラフを見て，次の問いに答えなさい。　　　　　　　5点×7〔35点〕

(1) 図の**A**にあてはまる，地方公共団体の住民から直接徴収する税を何といいますか。　　　　　（　　　　　　　）

(2) 住民の納めた税金がどのように使われるかを監視するなど，行政を調査・監視して改善を勧告する人たちのことを何といいますか。　　　　　　　（　　　　　　　）

(3) **B・C**には国からの補助金の名前があてはまります。次の文を参考にして，**B・C**の名前をそれぞれ書きなさい。

　　　　　B（　　　　　　　）C（　　　　　　　）

B　地方公共団体間の財政格差を是正するため，国から配分される。

C　義務教育や公共工事など特定の事業を行うため，国から使い道を限定され支払われる。

(4) **B・C**と地方債をあわせて，何財源といいますか。　　（　　　　　　　）財源

(5) 地方債について，右のグラフから読み取れることとして正しいものを次から2つ選びなさい。

　　　　　　　　　（　　　）（　　　）

ア　地方債の現在高は2018年度に140兆円を超えている。

イ　地方債の現在高のGDPに占める割合は2010年度以降，上がり続けている。

ウ　2018年度の地方債現在高は1985年度の約3倍近くになっている。

エ　地方債現在高のGDPに占める割合は2018年度に30％を超えている。

地方公共団体の歳入

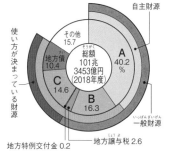

（地方財政白書）

▼地方公共団体の借金

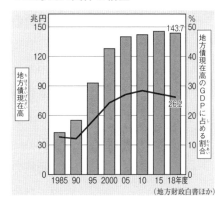

（地方財政白書ほか）

4 次の問いに答えなさい。　　　　　　　　　　　　　　　5点×3〔15点〕

(1) 右のグラフは，衆議院議員選挙の年代別投票率の推移を表しています。20歳代にあたるものを**A〜C**から選びなさい。　　（　　　）

(2) 若者の多くが投票を棄権していると，政治家はどのような問題を優先すると考えられますか。次から選びなさい。　　　　　　　（　　　）

ア　年長の世代の問題　　イ　若い世代の問題

ウ　子どもに関係する問題　　エ　地方の問題

(3) 選挙以外の政治参加の方法として誤っているものを次から選びなさい。　　　　　（　　　）

ア　住民投票　　イ　首長の解職請求　　ウ　学校の運営　　エ　住民運動

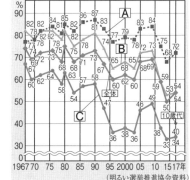

（明るい選挙推進協会資料）

第1節 私たちの生活と経済

満点★ミッション

❶経済活動
商品とお金が交換され，活発に流れることで生活をよりよくする活動。

❷分業
仕事を分担すること。

❸貨幣
商品と交換できる。長期間の保存や持ち運びに適した貴金属や紙が使われてきた。

❹資源
経済で，水や石油だけでなくお金や時間など人間が利用できるすべて。

❺資源の効率的な配分
生産に必要な資源が効率よく振り分けられること。

❻需要量
買う量。

❼市場価格
市場で決まる価格。

❽市場経済
市場価格に応じて生産や消費を調整していく経済。

❾独占価格
一人の売り手が決めた価格。

❿公共料金
水道やエネルギー，交通運賃など。

テストに出る！ ココが要点　解答 p.9

1 経済活動とお金の役割　教 p.109〜p.110

▷ 経済((❶　　　　　　))…生産と消費を中心とする人間の活動。

▷ (❷　　　　　　)…得意な仕事に専念し，品質の良い商品を大量に生産。→お金(貨幣)を使って必要な分以外はモノやサービスに交換する。

● (❸　　　　　　)の役割…交換・価値尺度・貯蔵。

▷ 経済の循環…家計(消費者)，企業，政府の間で商品(モノやサービス)がお金と交換されて循環する。

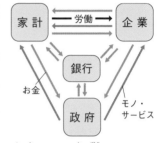

家計 ←労働→ 企業
銀行
お金
政府
モノ・サービス

2 お金の使い方と経済の考え方　教 p.113〜p.114

▷ 消費者をはじめ，社会全体が限られた(❹　　　　　　)の中で選択をしている。

●希少性…欲求に対して資源が不足した状態にあること。

▷ 望ましい選択…企業の得意分野を生かし，消費者の欲求を最も満足させる資源の組み合わせを選ぶ＝資源の(❺　　　　　　)。

3 価格の働きと経済　教 p.115〜p.116

▷ お金の使い方は価格によって大きな影響を受ける。

▷ 価格…
消費者が(❻　　　　　　)を，生産者が供給量を決める目安。

▷ 市場…商品が自由に売買され，(❼　　　　　　)価格が決まる。

●市場価格の変化を通して需要量と供給量が決まる経済を(❽　　　　　　)経済という。

●最終的に需要量と供給量が一致＝均衡価格。

● (❾　　　　　　)価格…売り手が一人のとき(独占)，寡占価格＝少数の売り手しかいないとき(寡占)。

● (❿　　　　　　)料金…国民の生活を安定させるために国や地方公共団体が許可したり，規制したりする価格。

▼需要曲線と供給曲線

円
1500
需要量が増える
供給量が減る
(均衡)価格
需要曲線
供給曲線
500
供給量が増える
需要量が減る
100
200 250　500　900 1000g

テストに出る！

予想問題 第１節 私たちの生活と経済

30分 /100点

1 次の文を読んで，あとの問いに答えなさい。

10点×4〔40点〕

a 経済活動は，私たちの生活をより豊かにする活動である。私たちが b お金(貨幣(かへい))と c モノやサービスを交換(こうかん)することで経済は循環(じゅんかん)する。社会全体として d 資源(しげん)が限(かぎ)られるなかで，何を選び何を選ばないのか，私たちは常(つね)に選択をしている。

(1) 下線部aについて，経済活動は生産と何が中心となりますか。 (　　　　)

(2) 下線部bについて，貨幣の役割には，交換と貯蔵(ちょぞう)のほか，もう一つ何がありますか。 (　　　　)

(3) 下線部cについて，人々の欲求(よっきゅう)に対して，モノやサービスといった資源が不足した状態にあることを何といいますか。漢字３字で書きなさい。 (　　　　)

(4) 下線部dについて，企業(きぎょう)の得意分野を生かし，消費者の欲求を最も満足させるように資源を組み合わせることを何といいますか。 (資源の　　　　)

2 右の２つの図を見て，次の問いに答えなさい。

(1)①(2)①各５点　他10点×５〔60点〕

(1) 図１は，月別のみかんの入荷量(にゅうか)とkgあたりの価格の関係を表しています。これについて，次の問いに答えなさい。

① みかんの価格が最も高いのは何月ですか。 (　　　　月)

記述 ② ①について，そのようになる理由を簡単(かんたん)に書きなさい。

(　　　　)

(2) 図２は，ある商品の需要(じゅよう)・供給と価格の関係を表しています。これについて，次の問いに答えなさい。

よく出る ① 需要量を示している曲線は，AとBのどちらですか。 (　　)

② Cの価格を何といいますか。 (　　　　)

③ 売れ残りが20個出るのは，価格がいくらのときですか。 (　　　　円)

(3) 商品の売り手が１人(１社)の場合，図のようなしくみで価格が変化しないことがあります。１人(１社)の売り手が決めた価格を何といいますか。 (　　　　)

(4) 生活の安定に関わるモノやサービスの価格については，国や地方公共団体(だんたい)が認可(にんか)・決定することがあります。このような価格を何といいますか。 (　　　　)

図１

（東京都中央卸売市場年報 令和元年）

図２

ちょっとひといき　自分の好きな商品で，需要量・供給量・価格の関係を考えてみよう！

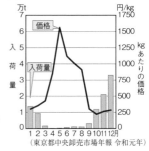

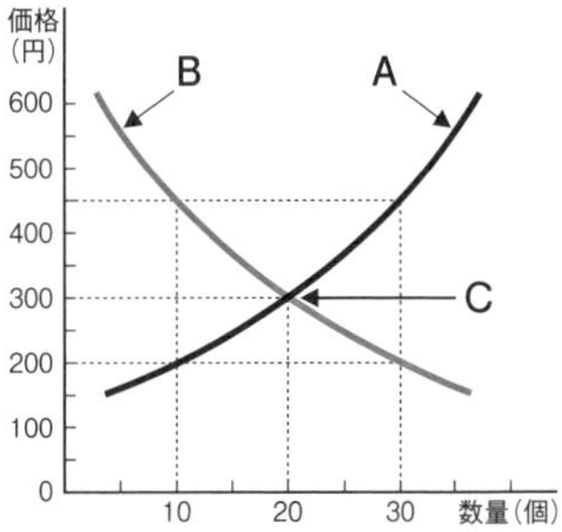

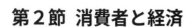
第2節 消費者と経済

テストに出る！ **ココが要点** 解答 p.10

❶家計
消費を主とする経済活動の単位。

❷給与所得
日本の家計の多くでの中心的な所得。所得とは家計に入る収入。

❸貯蓄
将来に備えてためておくお金。

❹クレジットカード
代金後払いで決済するカード。

❺卸売業
生産者から商品を買って小売店に販売。

❻通信販売
店を持たずに商品を売る販売方法。

❼契約自由の原則
いつ，だれと，どのような内容の契約を結ぶかを当事者同士の自由な意思で行えること。

❽クーリング・オフ
訪問販売などで，一定期間内であれば契約を解除できる制度。

❾製造物責任法
消費者が製造業者の過失を証明しなくても賠償請求できる。

❿消費者庁
消費者を守る庁。

---

1 家計の収入と支出 教 p.117〜p.118

▷ (❶　　　　　　　　)（または消費者）…経済活動の単位でみた個人や同居する家族。→家計に入る収入を所得という。

(❷　　　　　　　)	財産所得	事業所得
会社などの給与	所有するアパートや株式などの財産	個人で農業や工場などを経営して得る

▷ 可処分所得…所得から税金と社会保険料を引いた額。

▷ (❸　　　　　　　)…将来の消費への備え。

▷ (❹　　　　　　)カードやスマートフォンなどを用いた電子マネーなど，現金を使わないキャッシュレス決済が普及。

2 消費生活と流通の関わり 教 p.119〜p.120

▷ 流通…工場や産地で生産された商品を購入するまでの流れ。
●中心となるのが商業で，小売業と(❺　　　　　　)業。

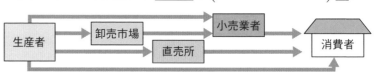

▷ 小売店・消費者を生産者と直接結びつける。→生産者からの直接仕入れや自社（プライベート）ブランドでの生産，販売。

▷ 販売の仕方…かつての主流は対面販売。近年はネットショッピングなどの(❻　　　　　　)が成長。移動販売などもある。

▷ 商品の情報を知る手段として広告が役立つ⇔企業側はポイントカードやPOSシステムなどを販売戦略に役立てる。

3 消費者問題と政府の取り組み 教 p.121〜p.122

▷ 契約…売り手と買い手の自由な意思が一致して売買が成立。
●(❼　　　　　　)の原則。

▷ 消費者被害を防ぎ，健全な市場にするために政府が支援。
●1962年，ケネディ大統領が消費者の四つの権利を宣言。
●1968年消費者保護基本法制定→2004年消費者基本法に改正。

▷ 消費者支援…契約自由の原則の例外である(❽　　　　　　)の制度，(❾　　　　　　)法（PL法）など。
●2001年消費者契約法施行→2009年(❿　　　　　　)発足。

テストに出る！
予想問題

第2節 消費者と経済

⏱30分

/100点

1 右の表は勤労者世帯の家計の全国平均です。次の問いに答えなさい。　10点×4〔40点〕

(1) （　　　　）にあてはまる，会社などで働いて得る所得の種類を何といいますか。

（　　　　　　　　）

(2) 所得額から下線部 a を引いたお金を何といいますか。　（　　　　　　　　）

(3) 下線部 b をまとめて何といいますか。

（　　　　　　　　）

(4) 支出について，現金を使わない支払い方法をまとめて何といいますか。

（　　　　　　　　）

収入	（　　　）	493,800円
533,800円	その他所得	40,000円
支出 540,900円	消費支出 食料費	74,600円
	住居費	50,700円
	被服費	13,200円
	保健医療費	11,500円
	交通・通信費	49.600円
	教育費	19,100円
	教育・娯楽費	30,500円
	交際費	18,200円
	その他	45,700円
a税金・社会保険料など		99,400円
ローン返済（家）		30,600円
b預貯金・保険・証券など		97,800円

（家計調査 平成29年）

2 右の図を見て，次の問いに答えなさい。　5点×4〔20点〕

(1) a・b にあてはまる語句をそれぞれ書きなさい。　a（　　　　　　）
b（　　　　　　）

(2) b のうち，生産から販売まで自社で行っている企業が作っている商品を何といいますか。　自社（　　　　　　）

(3) 図のように，商品が生産されて消費者が購入するまでの流れを何といいますか。

▼商品が私たちの元に届くまで

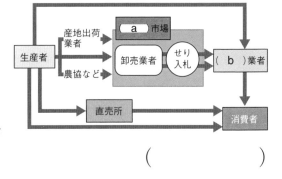

（　　　　　　　　）

3 右の年表を見て，次の問いに答えなさい。　10点×4〔40点〕

(1) a を宣言したアメリカ大統領は誰ですか。

（　　　　　　　）大統領

(2) b は2004年に何という法律に改正されましたか。

（　　　　　　　）

年	消費者保護の取り組み
1962	消費者の四つの権利の宣言… a
1968	消費者保護基本法……………… b
1994	製造物責任法………………… c
2009	（　　　）が発足

記述 (3) c の制定で，商品の欠陥に対する損害賠償の請求の方法がどのように変わりましたか。「欠陥」「製造業者」の語句を使って簡単に書きなさい。

（　　　　　　　　　　　　　　　　　　　　　　　　　）

(4) （　　　　）にあてはまる国の組織は何ですか。　（　　　　　　　　）

ちょっとひといき　勉強のコツは，コツコツやること！ とにかくくり返すことが大事！

第3節 企業と経済①

テストに出る！ **ココが要点** 解答 p.10

1 私たちの生活と企業　教 p.127～p.128

▶ (❶ 　　　　　　　)(生産者)…商品を生産している組織や個人。

● 人々に働く場(雇用)を提供。

● 新たな商品の開発・生産や技術開発などの(❷ 　　　　　　)(イノベーション)への取り組み。→社会の発展にもつながる。

▶ 消費者が商品を購入・企業で働いて給与を得る…消費者と企業の「分業と交換」。

● 企業どうしの間…部品を生産する企業と組み立てる企業。

▶ (❸ 　　　　　　)…新しく企業を起こし，新たな商品の開発に取り組むなど。

▶ 企業活動の目的…生産を行うための資源を元になるべく多くの利益((❹ 　　　　　　))を得る，働きやすい職場環境の整備などの社会的責任を果たす，など。

● 生産の資源…土地・労働力・(❺ 　　　　　　)。

2 企業活動のしくみ　教 p.129～p.130

▶ (❻ 　　　　　　)…民間が経営する企業。

● 個人企業と法人企業。

● 資本金や従業員数などの規模が大きい大企業と小さい中小企業。

▼製造業における大企業と中小企業

	大企業	中小企業
会社数	大企業0.8%	中小企業99.2
従業者総数	36.1	63.9
売上高(2015年)	62.4	37.6

(2016年)　(中小企業白書 2019年版)

▶ 公企業…国や地方公共団体が経営する企業。

▶ (❼ 　　　　　　)企業…新たな技術やビジネスモデルで挑戦する，起業から年数が若い企業。

▶ (❽ 　　　　　　)…株式を発行して資金を集める会社。

● (❾ 　　　　　　)…株主総会などを通して経営の基本方針に対して意見を述べる。保有する株式数に応じて会社の利益の一部が配当として支払われる。

▶ 株式は証券取引所など，人々の間で売買される。

● (❿ 　　　　　　)…将来の利益の見通しなどを反映して，需要と供給の関係で上下しながら決まる。

満点★ミッション

❶ 企業
生産活動を主とする経済主体。

❷ 技術革新
イノベーション。生産技術の導入や市場の開拓も行われる。

❸ 起業
みずから経営者となって企業をつくる。

❹ 利潤
もうけ。新たな価値を生み出したことへの報酬でもある。

❺ 資本
事業に必要な工場・機械・資金。一般にはお金。

❻ 私企業
農家や商店などの個人企業と法人企業。

❼ ベンチャー企業
起業して間もない企業。

❽ 株式会社
必要な資金を少額の株式に分け，多くの人から資金を集めて設立する企業。

❾ 株主
株式を購入した個人や法人。倒産しても出資額以上の負担はない。

❿ 株価
株の値段。

ココが要点 の答えになります。

③ 金融のしくみと働き

教 p.131〜p.132

▶ (⑪　　　　　　　　)…お金が余っている家計・企業からお金が足りない家計・企業に融通するしくみ。

● 銀行などの(⑫　　　　　　　)機関から借り入れる間接金融と，株式や債券の発行で投資家から直接借り入れる(⑬　　　　　　)金融がある。

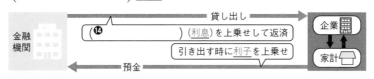

貸し出し
(⑭　　　　　　　)(利息)を上乗せして返済
引き出し時に利子を上乗せ
預金

金融機関

企業
家計

▶ 金融の働き…企業の将来性を見極める「目きき」の役割。

● ベンチャー企業に積極的な資金の提供や事業への助言を行うベンチャーキャピタルが注目。

▶ 新しい金融…フィンテックとよばれる情報通信技術(ICT)と金融の融合→(⑮　　　　　　　　)ファンディングなど。

種類		主な金融機関
中央銀行		日本銀行
民間金融機関	普通銀行	都市銀行，地方銀行，ゆうちょ銀行など
	協同組織金融機関	信用金庫，労働金庫，農業協同組合など
	証券会社など	証券会社，証券金融会社
	保険会社	生命保険会社，損害保険会社
	ノンバンク	消費者金融会社など
公的金融機関		日本政策投資銀行，日本政策金融公庫

④ 企業競争の役割

教 p.135〜p.136

▶ 企業は売り上げや利益を増やすために，他のライバル企業と市場で(⑯　　　　　　)する。→経済が成長する原動力。

▶ 競争が起きにくい→新しい企業の参入が難しく，大企業が市場を(⑰　　　　　　)・寡占する傾向。

● 近年ではスマートフォンのOSなど，ICT産業などに見られる。

▼スマートフォンのOSのシェアの推移

G社
A社
その他
2009 10 11 12 13 14 15 16 17 18 19 年
(Stat Counter Global stats 資料)

▶ 寡占状態にある市場…企業どうしが競争せず話し合って価格を高く維持する行為(⑱　　　　　　　)が見られることがある。

● (⑲　　　　　)法…自由な競争を確保するため1947年に制定。→(⑳　　　　　)委員会が不正行為を監視。

満点★ミッション

⑪ 金融
お金を融通するしくみ。

⑫ 金融機関
銀行・信用金庫・証券会社など。

⑬ 直接金融
企業などが投資家から直接資金を借り入れること。多くは証券会社がなかだち。

⑭ 利子
お金を一定期間貸し付けたことに対する代金。

⑮ クラウドファンディング
インターネット上で多数の人から資金を集める手法。

⑯ 競争
他の企業と競うこと。勝つために，企業の合併や提携，買収などもある。

⑰ 独占
市場の売り手が1社の状態。

⑱ カルテル
価格・生産・販売などの企業間の協定。

⑲ 独占禁止法
企業の健全な競争を保つための法律。

⑳ 公正取引委員会
不当な価格操作などを監視。

テストに出る！
予想問題

第3節 企業と経済①

⏱ 30分

/100点

1 次の文と表を見て，あとの問いに答えなさい。

4点×7〔28点〕

> a企業はb商品を生産し，購入してもらうことで（ A ）を得ることを目的に活動する。商品の生産には労働力を必要とするため，企業は労働者に（ B ）を提供しており，働いている人の（ B ）を守るなど社会的責任を果たすことも求められている。

私企業	個人企業	個人商店，農家など
	（ X ）	会社（株式会社など）
（ Y ）	地方公営企業	市営バス，上下水道など
	その他	国立印刷局など

(1) A・Bにあてはまる語句をそれぞれ漢字2字で書きなさい。

A（　　　　　）　B（　　　　　）

(2) 下線部aについて，次の問いに答えなさい。

よく出る ① 表のX・Yにあてはまる企業の形態をそれぞれ書きなさい。

X（　　　　　）　Y（　　　　　）

② 右のグラフのⅠ〜Ⅲにあてはまる組み合わせを次から選びなさい。（　　　）

ア　Ⅰ売上高　　Ⅱ従業者総数　Ⅲ会社数
イ　Ⅰ会社数　　Ⅱ従業者総数　Ⅲ売上高
ウ　Ⅰ従業者総数　Ⅱ売上高　　Ⅲ会社数

▼製造業における大企業と中小企業

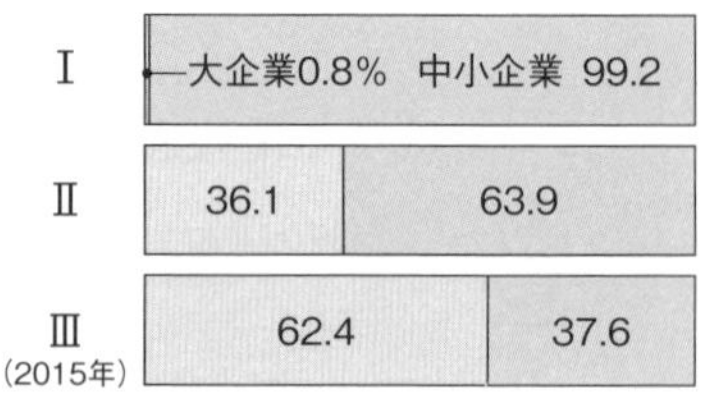

Ⅰ	大企業0.8%	中小企業 99.2
Ⅱ	36.1	63.9
Ⅲ	62.4	37.6
(2015年)

(2016年)　　（中小企業白書 2019年版）

(3) 下線部bについて，次の問いに答えなさい。

① 新たな商品の開発・生産や，技術の開発などを行うことを何といいますか。カタカナ7字で書きなさい。（　　　　　）

② 商品の生産に必要な資源は，労働力・土地のほかに何ですか。（　　　　　）

2 株式会社のしくみを表した右の図を見て，次の問いに答えなさい。

6点×4〔24点〕

よく出る (1) 図中のA〜Cにあてはまる語句をそれぞれ漢字2字で書きなさい。

A（　　　　　）
B（　　　　　）
C（　　　　　）

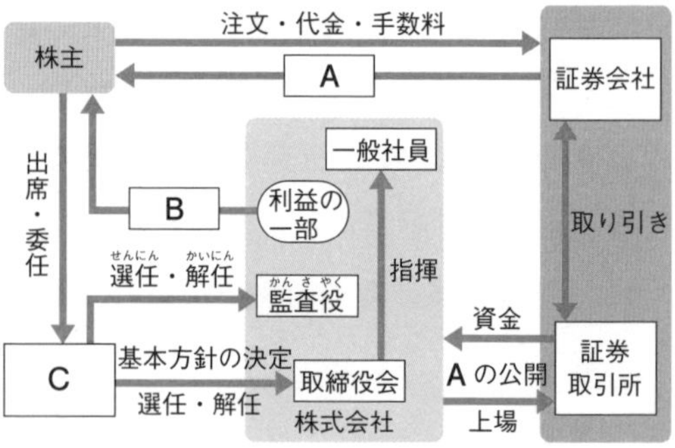

(2) 株主の利点について，次の文の（　）にあてはまる言葉を書きなさい。

●企業が倒産しても（　　　　　　　　　　　）を負わなくてよい。

ちょっとひといき　1時間ずつ，30分ずつ，時間を区切って勉強すると集中力UP！

3 右の図を見て，次の問いに答えなさい。　4点×7〔28点〕

(1) A・Bにあてはまる語句をそれぞれ漢字4字で書きなさい。　A（　　　　　）B（　　　　　）

(2) Xにあてはまる語句を書きなさい。
（　　　　　　　　　）

(3) (2)を企業や家計が引き出すときに上乗せして支払われる対価などを何といいますか。
（　　　　　　　　　）

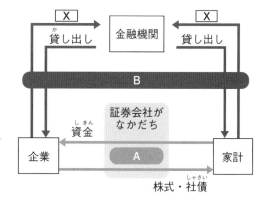

(4) 次の文にあてはまる語句を□からそれぞれ選びなさい。

① スマートフォンを使った支払いや暗号資産(仮想通貨)など，金融と情報通信技術(ICT)が融合したテクノロジー（　　　　　　　　　）

② インターネット上で多数の人から資金を集める方法（　　　　　　　　　）

③ 優れた技術があっても事業が育っていないベンチャー企業に対して，将来性を見込んで積極的に資金の提供や助言を行う企業（　　　　　　　　　）

> クラウドファンディング　ベンチャーキャピタル　フィンテック

4 右の図を見て，次の問いに答えなさい。　5点×4〔20点〕

(1) 右の図から読み取れることとして，正しいものを次から選びなさい。（　　）

ア 1社で50％をこえているのは乗用車と家庭用ゲーム機である。

イ 上位3社で90％をこえているのは家庭用ゲーム機と携帯電話契約数である。

ウ 上位2社で50％をこえているのは携帯電話契約数と家庭用ゲーム機である。

エ 上位3社ですべてをしめるのは乗用車だけである。

(2) 寡占状態にある市場で，企業どうしが話し合って価格を維持する行為を何といいますか。（　　　　　　）

(3) (2)のような行為を禁止して，企業の健全な競争を保つために制定された法律を何といいますか。（　　　　　）

(4) (3)の法律を運用する国の機関を書きなさい。（　　　　　）

▼生産の集中

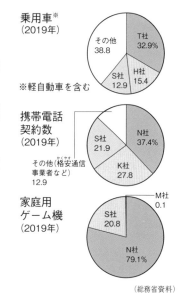

（総務省資料）

第3節　企業と経済②

満点★ミッション

❶労働基準法（きじゅん）
労働条件の最低基準を定めた法律。

❷労働組合（だんけつけん）
団結権により、労働者が使用者と労働条件を交渉するために結成する組織。

❸労働関係調整法
労使対立の予防・解決のための法律。

❹男女雇用機会均等法
職場での男女平等を定めた法律。

❺終身雇用（しゅうしん）
一つの企業で定年まで働く。

❻成果主義（せいか）
仕事の成果に応じて賃金（ちんぎん）を支払う。

❼非正規雇用（ひせいき）
アルバイト、パート、派遣労働者（はけん）など。

❽ワーク・ライフ・バランス
仕事上の責任を果たしつつ、健康で豊かな生活を送る。

❾社会的責任
CSRともいう。従業員（じゅうぎょういん）への責任など。

❿ESG投資
環境・社会・企業統治（かんきょう・とうち）に積極的に取り組む企業への投資。

🏷 テストに出る！　ココが要点　解答 p.11

1 働くことの意義と労働者の権利　教 p.137〜p.138

▷　働くことの意義…お金を稼ぎ（かせ）、生活を支える。社会とつながり、社会の支え手となることで生きがいや充実感（じゅうじつ）を得る（え）。

▷　**労働基本権（労働三権）**は、憲法で保障（ほしょう）されている。
- （❶　　　　　　）**法**…賃金・労働時間などの基準（きじゅん）を定める。
- 労働組合法…（❷　　　　　　　　）を結成する権利を認める。
- （❸　　　　　　）**法**…使用者との対立を予防・解決する。

▷　（❹　　　　　　　　）**法**…職場での男女の平等を定める。

▷　希望者全員が65歳まで働ける制度の整備（せいび）、一定の従業員数以上の企業には障がいのある人を一定の割合で雇用（こよう）することを法律で義務（ぎむ）づける。

▼女性の労働力率

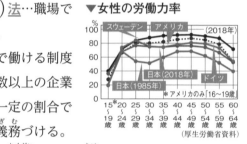

（厚生労働省資料）

▷　**外国人労働者**の雇用が拡大（かくだい）→不利な扱い（あつか）をする問題も発生。

2 労働環境の変化と私たち　教 p.139〜p.140

▷　かつては（❺　　　　　　　　）や**年功序列型**（ねんこうじょれつ）の賃金制度。→近年は（❻　　　　　　　　）**主義**やフリーランスが増えている。

▷　（❼　　　　　　　　）**雇用**…正規雇用よりも労働条件が悪い、雇用が不安定などの問題→同一労働同一賃金（どうにつ・すいしん）の導入を推進。

▷　労働時間は週休2日制の徹底（てってい）で短縮されたが、まだ過労死や過労自殺（かろうし）の問題がある→（❽　　　　　　　　）の実現を目指す。
- **育児**（いくじ）・**介護休業法**（かいご）の改正や**テレワーク**の推進。

3 企業の社会的責任　教 p.141〜p.142

▷　企業は災害時に被災者の救援（きゅうえん）に協力するなど、さまざまな（❾　　　　　　　　）を果たしている。
- 企業の法律を守る義務…低賃金・長時間労働、セクシャルハラスメント、パワーハラスメントの防止対策など。
- 従業員（じゅうぎょういん）への責任…職場環境の整備、従業員の健康管理など。
- 市場への責任…よい商品を安く提供、投資家に経営状況を報告。
- 国際社会への責任…人権や環境への配慮（かんきょう）。近年「持続可能な社会」（じぞく）の実現につなげる（❿　　　　　　　　）**投資**の動きもある。

テストに出る！
予想問題　**第3節 企業と経済②**

⏱ 30分

/100点

1 次のA〜Cは労働者の権利を保障する具体的な法律の内容を示しています。これを読んで，あとの問いに答えなさい。　　8点×5〔40点〕

> A　労働者と使用者の対立を予防・解決する。
> B　労働時間・賃金などの労働条件の最低基準を定めている。
> C　使用者が労働組合の活動をさまたげることなどを禁止している。

よく出る　(1)　A〜Cにあてはまる法律名をそれぞれ書きなさい。

A（　　　　　）　B（　　　　　）　C（　　　　　）

(2)　A〜Cの法律が保障する労働者の権利をまとめて何といいますか。

（　　　　　　　　）

(3)　1986年施行された職場での男女平等に関する法律を何といいますか。

（　　　　　　　　）

2 右の企画書の一部を見て，次の問いに答えなさい。　　(4)①12点，他8点×6〔60点〕

(1)　下線部aのような形で働く雇用をまとめて何といいますか。

（　　　　　　　　）

(2)　A・Bにあてはまる語句を次からそれぞれ選びなさい。

A（　　）　B（　　）

ア　育児休業　　イ　労働条件
ウ　終身雇用　　エ　年功序列

(3)　下線部bのように仕事の成果に応じて賃金を支払う制度を何といいますか。　（　　　　　　）

企業名	株式会社　Le pain（ル・パン）
事業内容	パンの製造・販売
セールスポイント	おいしいパンをつくり，満足していただけるように努力します。
事業所	東京都目黒区中目黒の住宅地
資本金	1000万円
従業員数	家族と正社員30名，a パート社員50名
（ A ）	午前勤務，午後勤務の交代制。b 企画したパンが採用され売れれば時給をアップします
福利厚生	女性も働きやすいよう，産休・（ B ）制度を充実させます
	c 「食品ロス」をゼロに近づけて環境にも配慮します

(4)　下線部cについて，次の問いに答えなさい。

記述　①　このような活動を企業が行う理由を□にあてはまる語句を使って書きなさい。

（　　　　　　　　　　　　　　　　　　　　）

②　このように環境や人権に配慮した企業に投資をすることを，アルファベット3字で書きなさい。　（　　　　　　）投資

(5)　企業は過度な労働で労働者の生活や健康が損なわれないよう配慮する必要があります。この仕事と生活の調和を何といいますか。　（　　　　　　）

第4節 これからの日本経済

満点ミッション

テストに出る！ ココが要点

解答 p.12

1 景気の変動とその影響

教 p.145〜p.146

▶ （**❶**　　　　　　　）（好景気）…商品が売れる→生産や設備投資，雇用が拡大→賃金上昇→さらに景気が拡大する。

▶ 不況（不景気）…売り上げが落ち込む→賃金が減る→家計の消費が減る→売り上げが不振になる。

●（**❷**　　　　　　　）が倒産やリストラで増える。

▶ （**❸**　　　　　　　）…経済は好況と不況を交互に繰り返す。

▶ （**❹**　　　　　　　）（GDP）…国の経済活動の規模を図る指標となる。増大＝（**❺**　　　　　　　）。

▶ 物価…多くの商品の価格の平均。

●物価が上がり続ける現象＝インフレーション（インフレ）。

●物価が下がり続ける現象＝（**❻**　　　　　　　）（デフレ）。

▶ バブル経済…1980年代後半に土地や株式などの価格が異常に上がるインフレーションの状態となった。

▼景気変動

賃金上昇	失業者増大
	生産縮小
景気後退→	不況
好況	景気回復
雇用拡大	賃金下降
生産拡大	

2 日本銀行と金融政策

教 p.147〜p.148

▶ （**❼**　　　　　　　）…中央銀行で，金融機関と異なる役割。

●日本銀行券（紙幣）を発行できる（**❽**　　　　　）銀行。

●政府のお金を出し入れする（**❾**　　　　　）の銀行。

●金融機関にお金を貸し出す銀行の銀行。

▶ 金融政策…物価の変動を抑え，景気の変動を安定させる。→バブル経済崩壊以降のデフレに対し，（**❿**　　　　　　　）を実施。

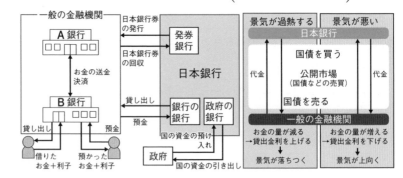

満点ミッション（左欄）

❶好況（好景気）
生産や消費が活発になり景気のよい状態。

❷失業者
職を失った人。

❸景気変動
好況と不況を繰り返すこと。極端なものは生活を不安定にさせる。

❹国内総生産（GDP）
国内で生産されたモノやサービスから原料費などを引いた付加価値を合計した額。

❺経済成長
経済の規模が拡大すること。

❻デフレーション
物価が下がり続けること。売上減→賃金減→不安から消費減。

❼日本銀行
日本の中央銀行。個人や企業との取引はしない。

❽発券銀行
紙幣＝日本銀行券を発行できる銀行。

❾政府の銀行
国の資金を扱う銀行。

❿金融緩和
不況時に，日本銀行が国債を買うなどで出回るお金を増やす。

ココが要点の答えになります。

③ グローバル化と日本経済　教 p.149〜p.150

▷ （⑪　　　　　　　）レート…異なる通貨を交換する際の比率。

（⑫　　　　　　　） 円の価値が高くなる	← 1ドル →	（⑬　　　　　　　） 円の価値が低くなる
80円	100円	120円

▷ （⑭　　　　　　　）企業…国内だけでなく，賃金の安い海外に工場を移転して生産と販売を行っている。

● 産業が衰退するおそれ＝産業の（⑮　　　　　　　）化。

▷ 企業の多国籍化…海外でも売れる商品にするために価値を付加するなど世界標準の商品づくりを目指す。

● 中には一国の経済規模を超える企業がある。社会貢献を果たす一方，税金面で有利な国に活動拠点を移す場合もある。

▷ 銀行の貸し出しや企業間の取り引きが世界に広がる→企業によって効率的に資源が使われる⇔危機が広がりやすい。

● （⑯　　　　　　　）危機（2008年）…不良債権を抱えたアメリカの大手証券会社の破綻をきっかけに起きた。急速な円高で輸出企業の業績が悪化し，リストラや倒産が相次いだ。

④ これからの日本の経済と私たち　教 p.151〜p.152

▷ さまざまな経済活動がインターネットを通じて提供されていく現象を経済活動の（⑰　　　　　　　）化とよぶ。

● （⑱　　　　　　　）エコノミー…民泊やライドシェアなど。

● 「ものづくり」産業のデジタル化…自動運転技術など。日本経済の産業構造に大きな影響を与える可能性がある。

▷ 人工知能（AI）が人手不足を解消して経済成長を支えていくことが期待される⇔人間が関わる必要性の低い職業が出る。

▷ 外国産の安い農産物を輸入。
→ （⑲　　　　　　　）が低下。

● 生産者の高齢化，後継者不足などの課題にも直面。

▷ （⑳　　　　　　　）11協定を結び，貿易の自由化を進める。

● 外国産の農産物との競争が激化。対抗するため，付加価値の高い「日本ブランド」の農産物として海外展開。

▼ 日本の農林水産物・食品の輸出額の推移

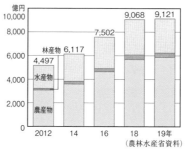
（農林水産省資料）

満点★ミッション

⑪ 為替レート
通貨の交換比率。

⑫ 円高
外貨に対し円が高くなり，輸入に有利，輸出に不利になる。

⑬ 円安
外貨に対し，円が安くなり，輸出に有利，輸入に不利になる。

⑭ 多国籍企業
複数の国に拠点を持つ企業。自動車，製薬などの企業に多い。

⑮ 産業の空洞化
工場の海外移転で，国内の雇用が失われ産業が衰退すること。

⑯ 世界金融危機
2008年の世界的な不況。日本ものちに企業の倒産などが起きた。

⑰ 経済活動のデジタル化
切符の購入，ホテルの予約など，インターネットを使った取り引き。

⑱ シェアリングエコノミー
ICTを通じてモノやサービスを利用したい人へつなぐしくみ。

⑲ 食料自給率
国内で消費する食料のうちの国内生産量の割合。

⑳ TPP11協定
環太平洋の国々の貿易を自由化する協定。

テストに出る！ 予想問題

第４節 これからの日本経済

30分　/100点

1 景気変動を表した右の図を見て，次の問いに答えなさい。　5点×8〔40点〕

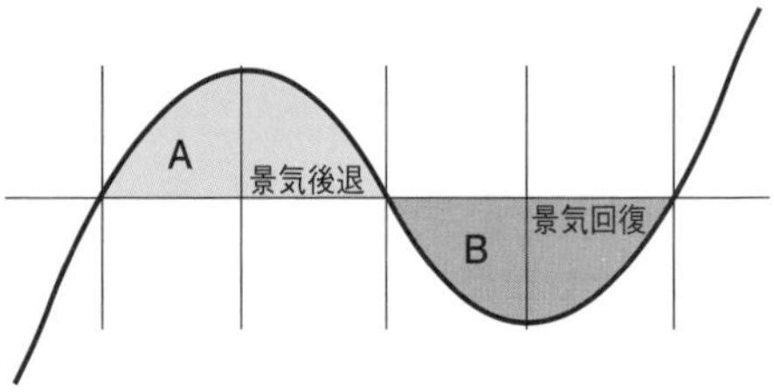

(1) A・Bの時期の経済状況を何といいますか。それぞれ漢字２字で書きなさい。

A（　　　　）
B（　　　　）

(2) Aの時期に起こることを次から３つ選びなさい。（　）（　）（　）

ア 生産の拡大　イ 失業者の増大　ウ 賃金の下落
エ 生産の縮小　オ 雇用の拡大　カ 賃金の上昇

よく出る (3) 物価が上がり続ける現象を何といいますか。（　　　　）

(4) (3)の現象が起こるのは，一般にAとBのどちらの時期ですか。（　）

(5) 経済成長を考える上で指標となる，一定期間の国内で生産されたモノやサービスの金額から，その原材料費を差し引いた付加価値を合計した金額の略称を，アルファベット３字で書きなさい。（　　　　）

2 右の図を見て，次の問いに答えなさい。　5点×5〔25点〕

(1) 図は日本銀行が行う景気の変動を安定化させる政策を示しています。このような政策を何といいますか。（　　　　）

(2) 図中のA・Bには「上げる」「下げる」のどちらの語句があてはまりますか。

A（　　　　）
B（　　　　）

よく出る (3) 図中の①～④にあてはまる語句の組み合わせを次から選びなさい。（　）

ア ①減 ②増 ③減 ④増
イ ①減 ②減 ③増 ④増
ウ ①増 ②減 ③増 ④減
エ ①増 ②増 ③減 ④減

記述 (4) 金融緩和とはどのような政策ですか。「量」の語句を使って簡単に書きなさい。
（　　　　　　　　　　　　　　　　）

ちょっとひといき　記述問題は，まず書きたい要素を箇条書きにしてからまとめてみよう！

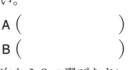

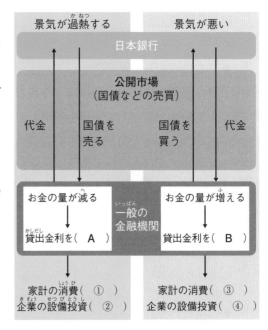

3 次の資料を見て，あとの問いに答えなさい。　　　　　　　　　　4点×5〔20点〕

資料1　円高・円安による生活への影響

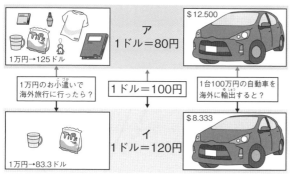

資料2　日本と主な国の賃金

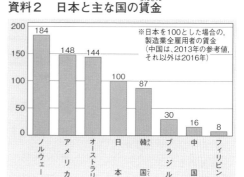

※日本を100とした場合の，製造業全雇用者の賃金（中国は，2013年の参考値，それ以外は2016年）

（全米産業審議会資料）

(1)　**資料1**中のア・イのうち，円高にあたるものを選びなさい。　　　　（　　　）

(2)　異なる通貨を交換する際の比率を何といいますか。　　　　　（　　　　　）

記述(3)　近年，多くの企業が輸出だけでなく海外に工場を移して生産を行っているのはなぜですか。**資料2**からわかることに触れて，簡単に書きなさい。

　　　（　　　　　　　　　　　　　　　　　　　　　　　　　　　　　）

(4)　(3)のように工場の海外移転が進み，国内の産業が衰退することを何といいますか。

　　　　　　　　　　　　　　　　　　産業の（　　　　　　　）

(5)　2008年にアメリカの大手証券会社が破綻したことをきっかけに，急速な円高が進み，(2)や株価が大きく変動するなどの経済危機が起こりました。この危機を何といいますか。

　　　　　　　　　　　　　　　　　（　　　　　　　　　　）

4 次の文を読んで，あとの問いに答えなさい。　　　　　　　　　　5点×3〔15点〕

> 今日では，本や雑誌をスマートフォンやタブレット端末で読む，ネット上で切符を購入する，自宅の空いた部屋を貸し出すa民泊などのbネットを通じてさまざまな経済活動が提供される現象が見られる。このような変化はc日本の経済に大きな影響を与えると考えられている。

(1)　下線部aのように，ある人が持つモノやサービスを，ネットを通じてそれを利用したい人につなぐしくみをカタカナで何といいますか。　　　（　　　　　　　　　）

(2)　下線部bの現象を何といいますか。（　　　）にあてはまる語句を書きなさい。

　　　　　　　　　　　　　　　経済活動の（　　　　　　　）化

(3)　下線部cにあてはまる予想を次から選びなさい。　　　　　　（　　　）

　ア　「ものづくり」産業の産業構造が変わる可能性がある。

　イ　人工知能などの普及でますます労働力が不足する可能性がある。

　ウ　外国との貿易上の競争が減り，農業の生産力が高まる可能性がある。

第2章 財政

解答 p.13

テストに出る！ **ココが要点**

1 私たちの生活と財政　教 p.157〜p.158

▶ （**❶**　　　　　　）…<u>政府</u>が<u>税金</u>を集めて国民にモノやサービスを提供する働き。

● 公共サービスはすべての人が公平に受けられる機会が必要。

…教育，医療，外交，防衛など。

● 所得の差を縮めて不平等の拡大を防ぐ役割。＝所得の再配分。

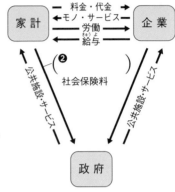

▶ （**❸**　　　　　　）…日本銀行と協調して景気を安定化。

● <u>公共事業</u>…景気が悪いときに道路や橋などを建設→短期的に雇用を生み出し，消費の拡大を促す。

2 国の支出と収入　教 p.159〜p.160

▶ （**❹**　　　　　　）（支出）…学校教育，災害対策，防衛費など。

● 高齢化にともなって（**❺**　　　　　　）が約3割を占める。

● 財源を賄うのが難しい地方公共団体に地方交付税交付金を配分して地域差を縮める。

▶ （**❻**　　　　　　）（収入）…約6割は税金が占める。

● 税収が不十分な場合は国債を発行。

● 税金…所得に課す**所得課税**（所得税，**法人税**など），消費に課す**消費課税**（<u>消費税</u>など），資産に課す**資産課税**（相続税など）。

		(**❼**　　　　　)	(**❽**　　　　　)
国税		所得税，法人税，相続税	消費税，酒税，関税
地方税	(都)道府県税	(都)道府県民税，自動車税	(都)道府県たばこ税，地方消費税
	市(区)町村税	市(区)町村民税，固定資産税	市(区)町村たばこ税

▶ （**❾**　　　　　　）…納税後の所得の格差を小さくする。

▶ 消費税はすべての世代が負担を分かち合えて公平。一方，所得の低い人のほうが消費にあてる割合が高い→**逆進性**の問題。

▶ （**❿**　　　　　　）は税金の使いみちを厳しくチェックする。

満点★ミッション

❶財政
国や地方公共団体の経済活動。

❷税金
政府が家計や企業から集めるお金。

❸財政政策
政府が行う景気対策。財政の役割の一つ。

❹歳出
国の1年間の支出。

❺社会保障関係費
年金や医療などにかかる費用。高齢化とともに増えている。

❻歳入
国の1年間の収入。

❼直接税
納税者と負担者が同一の税金。

❽間接税
納税者と負担者が異なる税金。

❾累進課税
所得税で，所得の高い人ほど税率が高くなる制度。

❿納税者
税金を納める人。

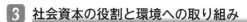

3 社会資本の役割と環境への取り組み 教 p.161〜p.162

▶ 1960年代の高度経済成長期に（⑪　　　　　　　）が社会問題。

● 四大公害訴訟…イタイイタイ病（富山県），水俣病（熊本県・鹿児島県），四日市ぜんそく（三重県），新潟水俣病（新潟県）。

年	できごと
1967	（⑫　　　　　　）法
1971	環境庁発足
(80年代)	地球環境問題
1993	（⑬　　　　　　）法
2001	環境庁→環境省

▶ （⑭　　　　　　）社会の実現に向けて，環境に配慮した社会資本の整備や法律の制定。

▶ 高度経済成長期に多く整備された（⑮　　　　　　）→老朽化が進み，つくりかえなどが大きな財政負担になる。

▶ 社会資本を効率的に維持・管理する動き。

● **情報通信技術**の利用，公共施設を中心市街地に集約した**コンパクトシティ**の推進。運営を民間に任せる，など。

▶ バリアフリー化→高齢化への対応，国際空港・港湾の整備→グローバル化への対応など，求められる社会資本は変化。

4 社会保障と私たちの生活 教 p.165〜p.166

▶ 社会保障制度…生活にひそむリスクに対して社会全体で助け合い，支えるしくみ。→憲法25条（⑯　　　　　　）権。

（⑰　　　　　）	医療保険，年金保険，介護保険（**国民皆保険**）。
公衆衛生	感染症予防，廃棄物処理，下水道。
社会福祉	児童福祉，障がい者福祉，高齢者福祉。
（⑱　　　　　）	生活保護など。

▶ 2016年に社会保障・税番号（マイナンバー）制度を導入。

5 これからの日本の財政 教 p.167〜p.168

▶ 日本の財政が抱える問題…歳出を賄うための税収が足りないため財政赤字が拡大。差を補うため，（⑲　　　　　　　）の発行。

● 財政再建のためには，歳出を抑制し，税収を増やす努力が必要。政策の費用を客観的に検証し，政策の優先順位をつける。

● 地方公共団体も民間の活用で，むだを省く取り組みを行う。

▶ （⑳　　　　　　）政府…税の負担を高くし，政府が充実した社会保障や公共サービスを供給する。

▶ 小さな政府…税の負担を低くし，政府の役割を最小限にする。

満点★ミッション

⑪ **公害**
事業による環境汚染で人の健康に害が及ぶこと。

⑫ **公害対策基本法**
1967年に制定された，公害対策について定めた法律。

⑬ **環境基本法**
地球規模の環境問題に対応するため，定められた法律。

⑭ **循環型社会**
資源の消費を抑え，環境への負荷をできる限り減らす社会。

⑮ **社会資本**
生活を支える道路や橋，上下水道など。

⑯ **生存権**
健康で文化的な最低限度の生活を営む権利。

⑰ **社会保険**
加入者が保険料を支払い，必要なときに給付を受ける制度。

⑱ **公的扶助**
最低限度の生活を営めない人への支援。

⑲ **国債**
政府の借金。

⑳ **大きな政府**
負担が大きい反面，公共サービスを充実させる政府。

53

テストに出る！
予想問題　　第2章 財政

🕐 30分

/100点

1 右の図を見て，次の問いに答えなさい。

5点×4〔20点〕

(1) Aの政府がお金を集めて公共施設・サービスを提供するはたらきを何といいますか。

（　　　　　　）

(2) 政府が(1)のはたらきを行うのに必要な財源は，図中のaなどでまかなわれています。aにあてはまる語句を漢字2字で書きなさい。

（　　　　　　）

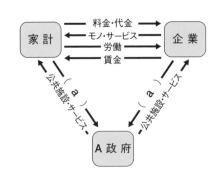

(3) 政府が提供するモノやサービスにあてはまらないものを次から選びなさい。（　　）

ア　警察　　イ　外交　　ウ　道路　　エ　娯楽　　オ　防衛

よく出る (4) 政府は，景気を安定させるための政策も行います。不況のときに行う政策として正しい組み合わせを次から選びなさい。（　　）

ア　増税と公共事業の拡大　　イ　減税と公共事業の拡大
ウ　増税と公共事業の縮小　　エ　減税と公共事業の縮小

2 右の図を見て，次の問いに答えなさい。

(4)8点　他5点×4〔28点〕

日本の歳出・歳入

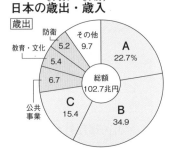

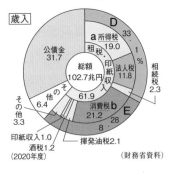

(財務省資料)

(1) 歳出のA〜CのうちAにあてはまる項目を，次の文を参考にして，あとから選びなさい。（　　）
●国の借金の返済や利子の支払いにかかる費用である。

ア　国債費　　イ　社会保障　　ウ　地方財政　　エ　貿易

(2) 歳入のD・Eは納税方法の違いによる分類です。Dは税を納める人と負担する人が一致する税金，Eは一致しない税金です。それぞれの税金を何といいますか。

D（　　　　　　）

E（　　　　　　）

(3) 下線部aについて，所得税には，所得が多い人ほど税率が高くなるしくみがとられています。このしくみを何といいますか。（　　　　　　）

記述 (4) 下線部bについて，消費税のもつ問題点はどのようなことですか。1つ書きなさい。

（　　　　　　　　　　　　　　　　　　　　　　　）

　　ちょっとひといき　テスト当日，朝ご飯を食べすぎないように気をつけよう！

3 次の文を読んで，あとの問いに答えなさい。　　　　　　　　　　　　　　4点×4〔16点〕

> 私たちの生活は，道路や下水道，公園，文化施設などの（ A ）によって支えられている。高度経済成長期に，日本の経済は急速に発展し，（ A ）も整備されたが，その一方で，a さまざまな公害が発生した。これに対して，政府や企業も環境保全に積極的に取り組むようになった。1980年代に入ると，地球環境問題が深刻になり，以降，環境に配慮した（ A ）の整備や b 法律の制定が進められている。

(1)　Aに共通してあてはまる語句を書きなさい。　　　　　　　（　　　　　　　　）

(2)　下線部aについて，富山県の神通川流域で発生した公害病を何といいますか。
　　　　　　　　　　　　　　　　　　　　　　　　　　　　　　（　　　　　　　　）

(3)　下線部bについて，公害対策基本法に代わり，環境保全に対する社会全体の責務を明らかにした，1993年施行の法律を何といいますか。　　　（　　　　　　　　）

(4)　2001年に発足した，公害をはじめ環境問題を中心に取り組む省はどこですか。
　　　　　　　　　　　　　　　　　　　　　　　　　　　　　　（　　　　　　　　）

4 日本の社会保障制度をまとめた右の表を見て，次の問いに答えなさい。　　4点×6〔24点〕

(1)　A〜Dにあてはまる制度をそれぞれ書きなさい。

　　A（　　　　　　　　）　B（　　　　　　　　）
　　C（　　　　　　　　）　D（　　　　　　　　）

(2)　Aの下線部は，すべての国民を対象としています。このことを何といいますか。　（　　　　　　　　）

(3)　給付と負担の公平を図り，社会保障制度の手続きの利便性を高めることなどを目的に，国民一人一人が12桁の番号を持つ制度を何といいますか。

　　　　　　　　　　　　　　　　　　　　　　　　　　　　　　（　　　　　　　　）

A	医療(健康)保険　年金保険 雇用(失業)保険　労災保険 介護保険
B	感染症予防　予防接種 廃棄物処理　下水道など
C	児童福祉　母子福祉 障がい者福祉　高齢者福祉 など
D	生活保護など

5 政府のあり方に関する右の表を見て，次の問いに答えなさい。　　　　　　4点×3〔12点〕

(1)　小さな政府という考え方にあてはまるのは，XとYのどちらですか。記号を書きなさい。

　　　　　　　　　　　　　　　　　　　　　（　　　）

(2)　国民の税負担が重くなるのは，XとYのどちらですか。記号を書きなさい。　　　　　　　　　（　　　）

(3)　政府の税収だけでは歳出をまかなえない状態のことを何といいますか。

　　　　　　　　　　　　　　　　　　　　　　　　　　　　　　（　　　　　　　　）

X	Y
政府は多様なサービスを供給するべきである。	政府の役割は最小限にとどめるべきである。

第1節 紛争のない世界へ①

満点★ミッション

❶主権国家
他国が侵すことのできない最高の権力をもつ国家。

❷内政不干渉の原則
他国と対等で他国から支配されたり，干渉されたりしない。

❸領海
国家の領域となる海洋。日本は海岸線から12海里。

❹排他的経済水域
EEZ。領海の先の海岸線から200海里以内。

❺公海自由の原則
どの国にも属さない公海はどの国も自由に利用できること。

❻国際法
国と国が結ぶ条約や国際慣習法など。

❼国歌
国のシンボルとなる歌。

❽北方領土
北海道の北東の領土。ビザなし交流を行う。

❾国際司法裁判所
国家間の法律問題について判決を下す。

❿尖閣諸島
1895年に日本に編入された沖縄県の島々。

テストに出る！　**ココが要点**　解答 p.14

1 国家と国際社会　教 p.173〜p.174

▷ (**❶**　　　　　) **国家**…主権・住民(国民)・領域の3つの要素で成立。→(**❷**　　　　　)の原則。

▷**領域**…領土・(**❸**　　　　　)・**領空**で構成。→**領土不可侵**の原則。

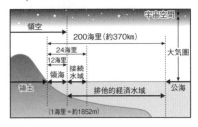

宇宙空間／領空／200海里(約370km)／大気圏／24海里／12海里／接続水域／領海／排他的経済水域／領土／公海／(1海里＝約1852m)

● **拉致問題**…人権侵害と同時に日本の主権に関わる問題。

●領海の先に資源の開発や海洋調査を行える(**❹**　　　　　)(**EEZ**)を設定。

●(**❺**　　　　　)の原則…領海，排他的経済水域以外の海では，どの国も自由に航行や漁ができる。

▷ (**❻**　　　　　)**法**…国際社会で国どうしが守るルール。

●人権を保障する基礎にもなっている。…障害者の権利に関する条約→障害者差別解消法の成立。

▷ 国のシンボルである**国旗**・(**❼**　　　　　)…相互に尊重することが大切。

2 領土を巡る取り組み　教 p.175〜p.176

▷ **領土**を巡る問題…二つ以上の国家が同じ領域の支配を主張→国際法を基に平和的な解決が求められる。

▷ (**❽**　　　　　)(北海道)…**歯舞群島，色丹島，国後島，択捉島**。1945年に日ソ中立条約を破ってソ連が侵攻・占領。

●サンフランシスコ平和条約(1951年)で日本が放棄した千島列島に北方領土は含まれない。

●今もロシアが不法に占拠を続ける。→平和条約の締結を進める。

▷ **竹島**(島根県)…**韓国**が1952年に「李承晩ライン」を引いて不法に占拠。

●平和的な解決のため，(**❾**　　　　　)に問題を委ねる提案は韓国が拒否しており，実現していない。

●(**❿**　　　　　)**諸島**(沖縄県)…石油などがある可能性。日本政府が管理。→中国の日本の領海，領空への侵入を監視。

テストに出る！

予想問題 第１節 紛争のない世界へ①

30分 /100点

1 右の図を見て，次の問いに答えなさい。 5点×11〔55点〕

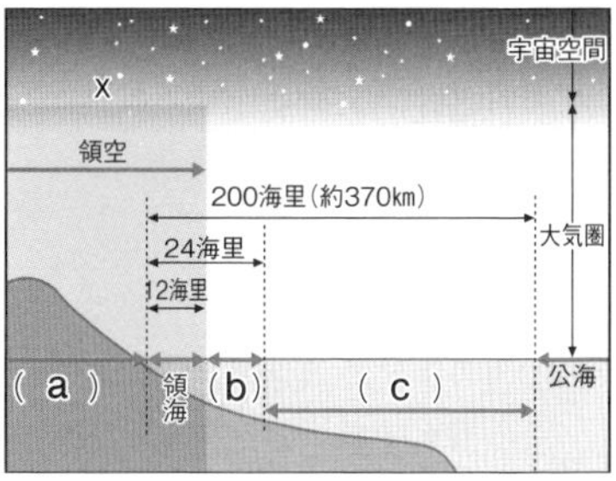

(1) 国家が成り立つ三つの要素を書きなさい。
( ) ( )
( )

よく出る (2) 国家どうしが対等で，ほかの国に支配や干渉をされない原則を何といいますか。 ( )

(3) 図中Xの領域にほかの国が不法に立ち入ることが認められない原則を何といいますか。 ( )

(4) a～cをそれぞれ何といいますか。
a ( ) b ( ) c ( )

(5) cの説明として正しいものを次から選びなさい。 ( )

ア すべての国が資源をとってはいけない　イ 沿岸国以外の国の船は航行できない
ウ その水域の資源は沿岸国のものである　エ どの国の船も自由に漁ができる

(6) 条約や国際慣習法など，国際社会で守られるべきルールをまとめて何といいますか。 ( )

(7) 右の図は，日本で使われている日章旗(日の丸)です。このような国のシンボルを何といいますか。 ( )

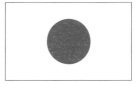

2 右の地図を見て，次の問いに答えなさい。 5点×9〔45点〕

(1) A～Cの日本固有の領土について，地名を□から，あてはまる説明を次からそれぞれ選びなさい。

A ( ) ( )
B ( ) ( )
C ( ) ( )

尖閣諸島
北方領土
竹島

ア ロシアが不法に占拠している。
イ 1970年代から中国が領有権を主張している。
ウ 韓国が不法に占拠している。

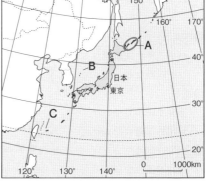

(2) B・Cが属す都道府県をそれぞれ書きなさい。 B ( ) C ( )

(3) オランダのハーグにあって，国家間の法律問題について，当事国双方の提訴に応じて判決を下す国際機関を何といいますか。 ( )

ちょっとひといき がんばってもがんばれない日はだれにでもある！ 早めに寝て明日がんばろう！

第1節 紛争のない世界へ②

解答 p.14

テストに出る！　**ココが要点**

満点★ミッション

❶国際連合
　国際社会の平和と安全の維持のための国際機関。本部はニューヨーク。

❷PKO
　国連の平和維持活動。自衛隊も活動に参加。

❸総会
　全加盟国が参加する国連の中心機関。

❹安全保障理事会
　平和維持に関わる国連の主要機関。

❺経済社会理事会
　経済・社会など幅広く担当する。多くの専門機関をもつ。

❻国連教育科学文化機関
　UNESCO。世界遺産の登録なども行う。

❼WHO
　世界保健機関の略称。世界の人々の健康を増進し保護する機関。

❽地域紛争
　パレスチナ問題やシリア内戦など。

❾難民
　迫害や紛争でやむなく国外に逃れた人々。

❿テロリズム
　政治的主張を議論ではなく暴力で伝える。

1 国際連合の働きとしくみ　教 p.177～p.178

▷　（❶　　　　　　　　）…第一次世界大戦後の国際連盟は十分に機能を果たせず。→1945年のサンフランシスコ会議で発足。

● 集団安全保障により紛争を予防…国連憲章に基づき，安全保障理事会の決定による経済制裁や武力行使が可能。

◇ 平和維持活動（（❷　　　　　　　　））…当事者の同意の下，紛争（内戦）を平和的に収束させる。→近年，任務が多様化。

● 国際協調を実現させ，**持続可能な開発目標（SDGs）** の実現を図る。→近年は**非政府組織（NGO）** が参加することが増加。

▷　国際連合の機構…事務総長中心に中立的な国際公務員が働く。

● （❸　　　　　　　　）…加盟国すべてが一国一票を持って参加。

● （❹　　　　　　　　）理事会…拒否権をもつ常任理事国5か国と非常任理事国10か国で構成される。

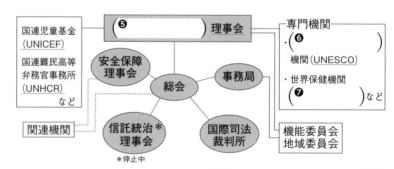

国連児童基金（UNICEF）
国連難民高等弁務官事務所（UNHCR）
など

（❺　　　　　　　）理事会

安全保障理事会　総会　事務局

信託統治＊理事会　国際司法裁判所

＊停止中

関連機関

専門機関
・（❻　　　　）機関（UNESCO）
・世界保健機関（❼　　　　）など

機能委員会
地域委員会

▷　日本と国連…安全保障理事会の改革の提案，世界第3位の資金提供，多く非常任理事国を務めるなど，活動を中心的に支える。

2 現代における紛争　教 p.179～p.180

▷　冷戦期は米ソが紛争への支援や介入。→冷戦後は人種や宗教，経済格差や資源争奪を背景にした（❽　　　　　　　　）が増加。

● アフリカ…アフリカ連合（AU）が問題の解決を図る。日本もアフリカ開発会議（TICAD）や政府開発援助（ODA）で協力。

▷　紛争などで国外へ逃れた（❾　　　　　　　　）の発生。

● 国連難民高等弁務官事務所（UNHCR）などで保護。

▷　（❿　　　　　　　　）…2001年，アメリカでイスラム過激派が同時多発テロを起こす。対立や経済格差を背景に世界中で頻発。

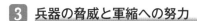

3 兵器の脅威と軍縮への努力 教 p.181〜p.182

▶ 冷戦期…(⑪　　　　　) を持つことで相手をおどして攻撃を防ぐ<u>核抑止</u>。→大量の核兵器の保有。

▶ 冷戦の<u>緊張</u>が<u>緩</u>むと，アメリカとソ連の(⑫　　　　　) <u>交渉</u>があった。現在は<u>停滞</u>気味。

▶ 条約などで核兵器を増やさない取り組みも進んできた。
● (⑭　　　　　) <u>機関</u>(<u>IAEA</u>)による<u>査察</u>。

▶ 大量破壊兵器は条約で規制。(⑮　　　　　)<u>条約</u>やクラスター弾も条約で規制。条約作成に非政府組織(NGO)が<u>活躍</u>した。

▶ 国連と各国が協調して(⑯　　　　　)の実現のため努力。

▼核を巡る世界の動き

年	事項
1945	広島・長崎に原爆投下
1963	米英ソ，部分的核実験禁止条約(PTBT)
1968	(⑬　　　　　)条約(NPT)に米英ソが調印
1987	米ソ，中距離核戦力(INF)全廃条約に調印
1996	包括的核実験禁止条約(CTBT)を国連で採択
2017	核兵器禁止条約採択

4 グローバル化が進む国際社会 教 p.183〜p.184

▶ グローバル化の背景で<u>発展途上国</u>だった国々から大きく経済発展を遂げた(⑰　　　　　)<u>国</u>が生まれる。

▶ <u>南北問題</u>…先進国と発展途上国の格差。
● 発展途上国間での(⑱　　　　　)<u>問題</u>も広がる。

▶ 先進国はG7(主要国首脳会議(サミット))で政治や経済をリード。→新興国を含んだG20も重要な<u>枠組み</u>になった。

▶ グローバル化の推進→ポピュリズムが登場。排外主義を訴える。
● イギリスの(⑲　　　　　)(<u>EU</u>)離脱などに影響。

▶ 多くの国で<u>地域機構</u>や国際機関を通じた国際協調の努力が続く。

5 国際社会における日本の役割 教 p.185〜p.186

▶ 日本の<u>地域主義</u>への参加…日本は<u>東南アジア諸国連合</u>(<u>ASEAN</u>)との協力，東アジア首脳会議，(⑳　　　　　)経済協力(APEC)の推進。

▶ (㉑　　　　　)<u>条約</u>…国際情勢の中で役割が増す。
● <u>平和安全法制</u>(2016年)…自衛隊とアメリカや国際社会との協力が拡充。条件を限定した集団的自衛権の行使が可能に。

▶ 日本は<u>政府開発援助</u>(ODA)や<u>青年海外協力隊</u>を早くに派遣。現在も経済成長，平和構築，民主的な統治能力の実現に努める。

満点★ミッション

⑪<u>核兵器</u>
原子爆弾などの兵器。

⑫<u>核軍縮交渉</u>
核兵器とミサイルの削減を交渉した。

⑬<u>核拡散防止条約</u>
NPT。核兵器の保有国を増やさないきまり。

⑭<u>国際原子力機関</u>
原子力が兵器に利用されないか監視。

⑮<u>対人地雷禁止条約</u>
地雷という兵器を禁止する条約。

⑯<u>軍縮</u>
武力紛争を防ぐため，必要以上の軍備を減らしていくこと。

⑰<u>新興国</u>
近年，大きく経済発展を遂げた国。

⑱<u>南南問題</u>
アフリカ南部の国々とアジアの国々など発展途上国の間の経済格差の問題。

⑲<u>ヨーロッパ連合(EU)</u>
ヨーロッパで地域の統合をめざす組織。

⑳<u>アジア太平洋経済協力</u>
APEC。太平洋に面した21の国と地域で構成。

㉑<u>日米安全保障条約</u>
防衛のため，アメリカ軍が日本に駐留することなどを定めた。

テストに出る！
予想問題

第1節 紛争のない世界へ②

⏱ 30分

/100点

1 国際連合について，右の図を見て次の問いに答えなさい。　　　5点×7〔35点〕

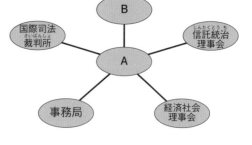

(1) 国際連合が発足したのは何年ですか。次から
選びなさい。　　　　　　　　　　（　　　）

ア　1920年　　イ　1945年　　ウ　1956年

(2) Aにあてはまる国連加盟国すべてが参加する
機関を何といいますか。（　　　　　　　）

よく出る

(3) Bにあてはまる，平和維持に関する機関について，次の問いに答えなさい。

① この機関を何といいますか。　　　　　　　　　　　　　　　（　　　　　　　）

② この機関の常任理事国は何か国ですか。　　　　　　　　　　（　　　　　　　）

③ ②の常任理事国に与えられている，1か国でも反対すると①の決定ができない権限を
何といいますか。　　　　　　　　　　　　　　　　　　　　　（　　　　　　　）

④ ①の決議により行われる紛争の平和的な収束を図る活動を何といいますか。アルファ
ベット3字で書きなさい。　　　　　　　　　　　　　　　　　（　　　　　　　）

(4) 国際連合の中で，子どもたちが健やかに育つ環境を確保するための活動を行う機関を何
といいますか。　　　　　　　　　　　　　　　　　　　　　　（　　　　　　　）

2 次の文を読んで，あとの問いに答えなさい。　　　5点×4〔20点〕

> 人種や宗教，経済格差や資源の争奪を背景に a 地域紛争や内戦が増加し，これにより
> やむなく b 住み慣れた場所を離れて国外で避難生活を強いられる人々も多い。近年は，
> 宗教の違いや貧困を背景に， c 特定の政治的主張を社会に伝えるため，武装した集団で
> 無差別に一般人を攻撃する行為を行うことが世界各地で起こっている。

(1) 下線部aについて，日本政府が国連や地域機構のAUと共同で紛争の解決や貧困の解消
に取り組んでいる地域はどこですか。次から選びなさい。　　　　　　（　　　）

ア　南アメリカ　　イ　アフリカ　　ウ　ヨーロッパ　　エ　南アジア

よく出る
(2) 下線部bについて，このような人々を何といいますか。　　　　（　　　　　　　）

(3) 下線部cについて，次の問いに答えなさい。

① このことをカタカナで何といいますか。　　　　　　　　　　（　　　　　　　）

② 2001年9月にアメリカで起きたイスラム過激派による①を何といいますか。

（　　　　　　　）

3 軍縮の動きを示した右の年表を見て，次の問いに答えなさい。　　5点×4〔20点〕

よく出る (1) （　　）にあてはまる，核兵器保有国を増やさないために結ばれた条約を何といいますか。

（　　　　　　　　　条約）

(2) 下線部 a の条約の略称を次から選びなさい。

（　　　）

ア　NPT　　イ　START
ウ　UNHCR　エ　CTBT

(3) 下線部 b について，核兵器保有国を増やさないために，活動している国際原子力機関の略称を書きなさい。

（　　　　　　　　　）

年	事項
1945	広島・長崎に原爆投下
1968	（　　）条約
1987	中距離核戦力(INF)全廃条約
1991	第1次戦略兵器削減条約
1993	第2次戦略兵器削減条約
1996	a 包括的核実験禁止条約
2017	b 核兵器禁止条約
	核兵器廃絶国際キャンペーン（c ICAN）ノーベル平和賞受賞
2019	INF全廃条約が失効

(4) 下線部 c のような，多くの国にまたがり民間で活動する組織を何といいますか。アルファベットで書きなさい。　　　　　　　　　（　　　　　　　　　）

4 次の図を見て，あとの問いに答えなさい　　5点×5〔25点〕

▼1人あたりの国民総所得(GNI)

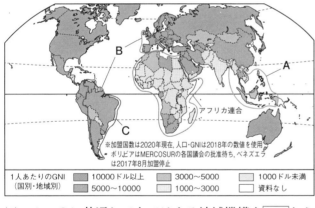

※加盟国数は2020年現在，人口・GNIは2018年の数値を使用
ボリビアはMERCOSURの各国議会の批准待ち，ベネズエラは2017年8月加盟停止

1人あたりのGNI（国別・地域別）
■ 10000ドル以上　■ 3000〜5000　□ 1000ドル未満
■ 5000〜10000　□ 1000〜3000　□ 資料なし

	A	B	C
加盟国数（2020年）	10か国	27か国	6か国
人口（2018年）	6.4億人	4.4億人	3.0億人
GNI（総額）（2018年）	2.9兆ドル	15.4兆ドル	3.0兆ドル

(1) A〜Cに共通してあてはまる地域機構を□からそれぞれ選びなさい。

A（　　　　　　）　B（　　　　　　）　C（　　　　　　）

EU　　APEC　　ASEAN　　USMCA　　MERCOSUR

(2) かつての発展途上国から大きく経済成長を遂げている国々を何とよびますか。

（　　　　　　　　　）

記述 (3) 図中のアフリカやアジアなどに多い発展途上国と北アメリカやヨーロッパなどに多い先進国との間でみられる南北問題とはどのような問題ですか。図を参考に書きなさい。

（　　　　　　　　　　　　　　　　　　　　　　　　　　　）

第2節 貧困解消と環境保全／課題の探究

満点★ミッション

テストに出る！ **ココが要点**　解答 p.15

1 貧困問題とその解消　教 p.189〜p.190

▶ 1950年代以降の人口が急速に増加。経済成長が追い付かず，厳しい(❶　　　　　　　)状態にある人も多い。

● (❷　　　　　　　)…十分な食料があるにも関わらず，食料配分が先進国に偏っていることが背景にある。水不足も懸念。

▶ ミレニアム開発目標(MDGs)…**貧困**や飢餓に苦しむ人口の半減，教育の普及など八つの目標。→**持続可能な開発目標**(SDGs)へ。

▶ (❸　　　　　　　)(ODA)で幅広く資金や技術の提供。

▶ 民間団体が自立した生活を支える取り組みを行う。

● 発展途上国産の農作物や製品を適正な価格で取り引きする(❹　　　　　　　)，社会的に弱い立場にある人々が起業するための資金を融資する(❺　　　　　　　)など。

2 地球規模で広がる環境問題　教 p.191〜p.192

▶ (❻　　　　　　　)問題…人々の経済活動の拡大で，国境を越えて地球全体に広がり，貧困や飢餓につながる場合もある。

● 地球(❼　　　　　　　)，オゾン層の破壊，砂漠化，森林の減少，大気汚染・海洋汚染，酸性雨，野生動物の減少や生態系の変化など。

▶ 地球温暖化対策…**気候変動枠組条約締約国会議**(COP)。

▼地球温暖化のしくみ

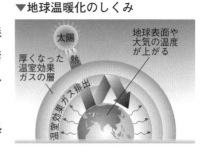

太陽
厚くなった温室効果ガスの層
地球表面や大気の温度が上がる
熱
温室効果ガス排出

● (❽　　　　　　　)…京都会議で採択。(❾　　　　　　　)の削減の数値目標が定められた。

◇ 発展途上国に削減義務がなく，アメリカの離脱などで不十分という指摘もあった。

▼国・地域別二酸化炭素排出量

その他 32.7
中国 28.3%
世界計 約328億トン (2017年)
アメリカ 14.5
日本 3.4
ロシア 4.7
インド 6.6
EU加盟国 9.8
(IEA資料)

● 2015年，新たな枠組みの(❿　　　　　　　)協定を採択。先進国，発展途上国を問わず各国が協調して取り組む。

▶ 地球環境問題は先進国の便利な生活と関連。南北問題とも関係。

---

❶**貧困**
必要な水や食料などを得られない。世界の約10人に1人が1日1.9ドル未満で生活。

❷**食品ロス**
本来食べられる食料が捨てられること。

❸**政府開発援助**
貧困の解消のため，食料援助，社会資本の整備などを行う。

❹**フェアトレード**
発展途上国の生産者の暮らしを支えることを目指す取り組み。

❺**マイクロクレジット**
社会的弱者への起業資金を融資する。

❻**地球環境問題**
国境を越えた環境問題。

❼**地球温暖化**
地球規模で気温が上昇すること。温室効果ガスが原因とされる。

❽**京都議定書**
COPの枠組みで1997年に京都で採択。

❾**温室効果ガス**
二酸化炭素やメタン。

❿**パリ協定**
各国に温室効果ガスの削減目標の提出を義務づけた協定。

3 資源・エネルギー問題　教 p.193〜p.194

▶ (⑪　　　　　　　)…経済発展に伴い，エネルギー消費量が増加し，将来的な枯渇が懸念される。

● 3Rを推進することで省資源・省エネルギーの取り組みが必要。

(⑫　　　　　)	むだな消費を減らす(Reduce)
(⑬　　　　　)	繰り返し再利用する(Reuse)
(⑭　　　　　)	資源として再利用する(Recycle)

▶ 資源の価格や輸入の状況は国際情勢に影響される。

● 資源の多くを輸入に頼る日本は，輸入先の分散や石油以外の化石燃料の利用を増やすなど，資源の安定的な確保に取り組む。

● メタンハイドレート，シェールガスなどが近年注目される。

▶ (⑮　　　　　　)発電…少ない燃料で多くのエネルギーを作る。二酸化炭素の排出量が少ない⇔放射性廃棄物の処理や安全対策面での難しさなどの問題。

● 日本は2011年の福島第一原子力発電所の事故以来，発電量に占める原子力の割合が減り，化石燃料の割合が増える。

▼主な国の発電量の割合

(2017年)

日 本	火力 85.5	水力 8.9 原子力 3.1
	地熱・風力など 2.5	
中 国	70.5	17.9 3.7
アメリカ	62.8	7.6 19.6 7.9 10.0
フランス	11.2 9.8	70.9 8.1

(WORLD ENERGY STATISTICS 2019 ほか)

▶ (⑯　　　　　　)
…枯渇せず，二酸化炭素の排出量が少ない⇔発電費用が高い，自然状況に左右されて供給量が不安定，設置場所が限られる。

● 環境税や固定価格買取制度を導入して普及を推進。

4 国際社会のよりよい発展　教 p.195〜p.196

▶ (⑰　　　　　　　)(SDGs)…「誰一人取り残さない」を理念に，国連が2030年までに達成すべき17の目標を設定。

● 国際機関，政府，(⑱　　　　　　)(NGO)，民間企業などが協調して取り組むことが大切。

● 日本は「人間の(⑲　　　　　　)」の推進を掲げる。

▶ SDGsを達成して**持続可能な社会**を実現するためには，世界の諸課題の現状や背景を知り，関心を持ち続けることが大切。

5 課題の探求　教 p.203

▶ 将来の世代が必要なものを損なわず，現在の世代が満足して暮らせるような「(⑳　　　　　)な社会」をつくる視点が大切。

満点★ミッション

⑪**化石燃料**
石油など。エネルギー供給源として経済活動に欠かせない資源。

⑫**リデュース**
むだな消費を減らしごみを減らす。

⑬**リユース**
一度使ったものを再利用する。

⑭**リサイクル**
紙やアルミ製品などを回収して再び資源として作り変える。

⑮**原子力発電**
原子力エネルギーを使う発電。世界ではフランスで特に盛ん。

⑯**再生可能エネルギー**
太陽光，風力，水力，地熱，バイオマスなど。

⑰**持続可能な開発目標**
2015年に国連で採択。所得格差の解消，温暖化への対策など，すべての国が取り組む世界共通の目標。

⑱**非政府組織**
NGO。

⑲**人間の安全保障**
貧困や紛争，病気などの脅威から一人一人の生活を守る。

⑳**持続可能な社会**
将来直面が予想される課題への取り組みに必要な視点。

テストに出る！
予想問題

第２節　貧困解消と環境保全／課題の探究

⏱30分

/100点

---

1 右の資料を見て，次の問いに答えなさい。　　　　　　　　　　　10点×4〔40点〕

(1) 資料1のA・Bにあてはまる地域を次からそれぞれ選びなさい。　　A（　　　）　B（　　　）

ア　アフリカ
イ　ヨーロッパ
ウ　オセアニア
エ　アジア

▼資料1　世界の地域別人口の推移と予測

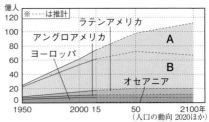

(人口の動向 2020ほか)

(2) (1)の地域で起きている深刻な問題として考えられることを資料2を見て書きなさい。
（　　　　　　　　　　　）

(3) (2)のような問題を解消するための取り組みのうち，発展途上国の農作物や製品を適正な価格で取り引きし，生産者の暮らしを支えていくしくみを何といいますか。（　　　　　　　　　　　）

▼資料2

栄養不足人口*の割合（国・地域別）−2016〜18年平均−

30%以上　　5〜15　　　資料なし
15〜30　　　5%未満　※食料摂取が最低必要量以下の人口

(FAOSTAT資料)

---

2 次の問いに答えなさい。　　　　　　　　　　　10点×3〔30点〕

(1) 右のグラフと関係の深い地球環境問題を書きなさい。
（　　　　　　　　　　　）

(2) (1)の原因となる右のグラフで表した二酸化炭素やメタンなどをまとめて何といいますか。（　　　　　　　　　　　）

(3) (2)の削減について，2015年に採択された，先進国・発展途上国が協調して取り組む枠組みを何といいますか。

（　　　　　　　　　　　）

一酸化二窒素 6.2
フロン類 2.0
メタン 16.0
二酸化炭素
化石燃料 64.8
11.0
森林減少
山火事など
75.8%

(2010年)
(全国地球温暖化防止活動推進センター)

---

3 次の問いに答えなさい。　　　　　　　　　　　10点×3〔30点〕

(1) ３Rのうち，一度使用したものを繰り返し再利用することを何といいますか。カタカナ4字で書きなさい。　　　　　　　　　　　（　　　　　　　　　　　）

(2) 枯渇の心配がなく，二酸化炭素の排出量が少ないことで注目される太陽光や風力，地熱，バイオマスなどのエネルギーを何といいますか。　　　　　　　　　（　　　　　　　　　　　）

(3) 2015年に国連で採択された，2030年までに達成すべき17の目標が設定された目標の略称を，アルファベットで書きなさい。　　　　　　　　　　　（　　　　　　　　　　　）

　ちょっとひといき　１冊最後まで使い切ってえらい！　おめでとう！

中間・期末の攻略本

解答と解説

取りはずして使えます！

帝国書院版　　公民

第1章　現代社会と文化

p.2　ココが要点

❶情報通信技術　　❷人工知能
❸情報リテラシー　❹グローバル
❺国際分業　　　　❻国際協調
❼多文化共生　　　❽少子高齢社会
❾核家族　　　　　❿バリアフリー

p.3　予想問題

1 (1)①ソーシャルメディア
　　②情報通信技術，ＩＣＴ
　(2)個人
　(3)情報リテラシー
2 (1)B
　(2)エ
3 (1)(例)子どもの数が減り，高齢者の数が増えた。
　(2)少子高齢社会
　(3)バリアフリー化

解説

1 (1)①一方的に情報を発信するのではなく，双方向に情報をやりとりできるメディアのこと。SNSのほかユーザーがコメントできるサービスなども該当する。②ICTはInformation and Communication Technologyの略。
(3)「リテラシー」とは知識や情報を理解した上で，適切に活用できる能力のこと。
2 (1)近年大きく伸びている方を選ぶ。2015年に訪日外国人旅行者数が出国日本人数を45年ぶりに上回った。
(2)一般的に世界遺産の登録が行われると，観光

客は増加すると考えられる。一方で国内外で伝染病の流行や紛争，自然災害が起こると移動が少なくなる。
3 (1)(2)日本は少子化(＝子どもの人口が減少)と高齢化(＝高齢者の割合が増加)が同時に進んでいることを押さえる。
(3)段差などの障害(バリア)を取り除くことで，障がいのない人も便利になる。意識の上での「心のバリアフリー化」も大切。

➕もひとつプラス　人口に占める高齢者の割合の推移

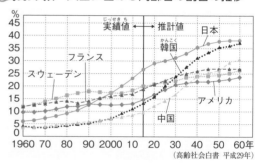

(高齢社会白書 平成29年)

p.4　ココが要点

❶文化　　　　　　❷科学技術
❸宗教　　　　　　❹画一化
❺異文化理解　　　❻自然
❼ひらがな　　　　❽和
❾年中行事　　　　❿伝統文化

p.5　予想問題

1 (1)①イ　②ウ　③ア
　(2)エ
　(3)(例)お互いの異なる文化の価値を認め合い，尊重し合うこと。
2 (1)A自然　B稲作
　(2)ア，エ(順不同)
　(3)①エ　②イ　③ア　④ウ

1

1 (1)生活様式，言語，学問，建築なども文化。
(2)**ア エ**世界のそれぞれの地域の文化は対等であって，優劣をつけることはできない。**イ**文化は地域ごとに違いがある。**ウ**それぞれの文化は関わり合いながらお互いに影響を与えている。

2 (2)**ア**の「勤勉」とは，まじめでよく働くこと，**エ**の「和」とは，他人との協調性のことである。
(3)①春分・秋分の日を中日とし，その前後３日を合わせた７日を「彼岸」という。お墓参りで先祖や自然を敬う日。②子どもの日。

第2章　現代社会をとらえる枠組み

p.6	ココが **要点**
❶社会集団	**❷**家族
❸合意	**❹**効率
❺公正	**❻**個人の尊厳
❼両性	**❽**きまり〔ルール〕
❾責任	**❿**契約

p.7	予想問題

1 (1)①ウ　　②ア　　③イ
　(2)社会的
2 (1)合意
　(2)a 効率　　　b 公正
　(3)①時間　　②少数意見
　(4)契約

解説

1 (1)一般に社会集団は，家族＜学校＜地域＜国家＜世界と広がっていく。家族は「休息や安らぎ」を得るだけではなく，社会習慣や社会のルールを学び，愛情や道徳など人間の在り方を身に付ける場でもある。

2 (1)(2)「対立」が起き，解決のために「効率」と「公正」に配慮して話し合って，「合意」を形成するという流れを押さえる。
(3)話し合いや決定の方法はいくつかあるが，それぞれに長所と短所がある。
(4)「契約」は物を買うときなど，生活の中で頻繁に交わされている。「契約」が成立すると義務と責任が発生し，互いに義務を果たすことで内容が実行される。

ミス注意！無駄を省くことが「効率」，手続き・機会・結果に一人一人が納得できることが「公正」である。区別しておく。

第2部　**政治**

第1章　日本国憲法

p.8	ココが **要点**
❶権力	**❷**民主主義
❸多数決	**❹**憲法
❺立憲主義	**❻**基本的人権
❼ロック	**❽**三権分立
❾児童〔子ども〕	**❿**支配

p.9	予想問題

1 (1)民主主義　　(2)①多数決
　②(例)多数決は，必ずしも過半数の意見を反映するとは限らない。
　③少数意見
2 (1)基本的人権
　(2)①エ　　②イ　　(3)①エ　　②ア
　(4)法の支配

解説

1 (1)民主主義の考えに基づく政治が民主政治。
(2)②A案に賛成する人が４人，A案以外に賛成する人は３＋２＝５人いる。賛成する人よりも賛成しない人が多い案を採用することになる。
③多数決は，少数の人の権利を侵害するおそれがあるので，採決をとる前に十分に話し合い，少数意見も尊重することが必要である。

もひとつプラス　人権思想

時期	宣言，法律	内容（権利）
人権思想の初期	マグナカルタ・権利章典	貴族・富裕層の市民の権利
自由権・平等権の確立期	アメリカ独立宣言・フランス人権宣言	基本的人権の保障，国民主権
社会権の確立期	ワイマール憲法	社会権
国際的保障期	世界人権宣言	世界全体で人権保障

❶大日本帝国憲法　　❷帝国議会
❸日本国憲法　　❹立憲
❺国民主権　　❻主権
❼改正　　❽天皇
❾内閣　　❿国事行為
⓫平和　　⓬原爆〔原子爆弾〕
⓭9条　　⓮交戦権
⓯自衛隊　　⓰集団的
⓱PKO〔平和維持活動〕　　⓲日米安全保障
⓳非核三原則　　⓴防衛費

1 (1)日本国憲法
　(2)①11月3日
　　②5月3日
　(3)A天皇　　B国民
　　C法律　　D基本的人権
　(4)平和
2 (1)A改正　　B国民主権　　C象徴
　(2)男女普通選挙
　(3)①国事行為　　②イ，エ，オ
3 (1)法律
　(2)①憲法　　②国会
　(3)ア
4 (1)(第)9(条)
　(2)A平和　　B紛争
　　C放棄　　D保持
　(3)自衛隊
　(4)アメリカ(合衆国)
　(5)集団的自衛権
　(6)持たず，作らず，持ち込ませず

解説
1 (2)①現在の文化の日。②現在の憲法記念日。
2 (2)日本国憲法は，1946年4月に行われた日本で最初の男女普通選挙によって選ばれた衆議院議員が参加した帝国議会で制定された。
　(3)②ア，ウは国会，カは内閣が行う。指名ではなく，内閣総理大臣の任命と最高裁判所長官の任命は，天皇の国事行為として行われている。
3 (1)(2)憲法で国会に立法権が与えられており，その国会で，教科書が無償であることを定めた法律が作られていることを読み取る。

4 (1)平和主義は，憲法の前文と第9条で規定されている。
　(4)日米安全保障条約のこと。

練習しよう 戦争放棄の「放棄」を攻略！

放棄

もひとつプラス 自衛隊の歩み

1950	朝鮮戦争→警察予備隊発足
1954	自衛隊発足
1992	PKO協力法成立 →カンボジアPKOに自衛隊派遣
2001	テロ対策特別措置法でインド洋に自衛隊派遣
2003	イラク復興支援特別措置法成立
2004 〜06	イラクに陸上自衛隊派遣
2007	防衛庁が防衛省になる
2011	東日本大震災の復旧・復興支援
2015	平和安全法制成立

ミス注意！ 「公布」と「施行」を間違えないようにしよう。「公布」は広く知らせること，「施行」は効力をもつこと。

❶個人の尊重　　❷13
❸自由　　❹平等
❺選挙権　　❻裁判
❼新しい人権　　❽精神活動
❾経済活動　　❿生命・身体

1 (1)基本的人権
　(2)①社会権　　②平等権
　　③参政権
2 (1)A思想　　B表現
　　C職業選択　　D拘束
　(2)①c　　②a　　③b
　(3)ア

解説
1 (1)基本的人権の尊重は，憲法13条で規定されている「個人の尊重」の実現のために不可欠なものである。個人の尊重とは，どのような個性・

背景があっても，一人一人をかけがえのない存在として平等に配慮することである。

(2)①社会権のうち，生存権というものにあたる。③選挙を通じて政治に参加できるので参政権。

2 (1)D裁判所の出す令状がなければ，原則として逮捕や拘束をされない。

(2)①自白とは，自分が犯した犯罪の事実や責任を認めること。②デモ活動を行うことは，精神活動の自由のうちの集会の自由や表現の自由にふくまれる。③著作権をはじめとする知的財産権は，経済活動の自由が保障する財産権の一部にあたる。

(3)**イ**は平等権，**ウ**は社会権，**エ**はプライバシーの権利の説明にあたる。

➕もひとつプラス　精神活動の自由と憲法

思想・良心の自由	19条	自分の主義や主張などを持つ権利
信教の自由	20条	宗教を信仰する，しないを自分で決める
集会，結社，表現の自由，通信の秘密	21条	人々が集まったり，団体を結成したり，情報を発表・伝達したりする権利。通信の秘密が守られる権利。
学問の自由	23条	学問を研究したり，発表したり，教えたりする権利

p.16～17　ココが要点

❶法の下　　　　　❷差別
❸全国水平社　　　❹部落差別解消推進
❺男女共同参画社会基本
❻男女雇用機会均等
❼アイヌ文化振興　❽朝鮮
❾ヘイトスピーチ
❿障害者差別解消　⓫社会
⓬ワイマール　　　⓭生存
⓮生活保護　　　　⓯高齢者
⓰教育　　　　　　⓱勤労
⓲労働基本権　　　⓳団結
⓴団体交渉　　　　㉑団体行動

---

1 (1)A平等　　B差別　　C水平社
(2)平等権　　(3)ア

2 (1)①ウ　　②イ　　③ア
(2)①アイヌの人々〔アイヌ民族〕
　　②アイヌ施策推進法
(3)ヘイトスピーチ
(4)(例)障がいのある人をふくむすべての人に移動の自由を保障するもの。

3 (1)①生存権　　②ウ　　③生活保護
(2)①教育を受ける権利　　②義務
(3)①勤労　　②ウ　　③Ｘイ　　Ｙア
(4)社会権

解説

1 (3)資料2は1922年に被差別部落出身者が結成した全国水平社創立大会で採択された宣言。

2 (1)①ハンセン病患者は国の政策により，長い間，療養所に隔離され続けてきた。2001年，国は過去の政策が人権侵害だったと認め，謝罪した。②世界エイズデーは，エイズに対する正しい理解やHIV感染者への偏見・差別の解消などを目的として啓発運動を行う日である。③第二次世界大戦終了時に日本の植民地政策などで200万人近くの朝鮮出身者が日本にいた。戦後帰国した人も多かったが，仕事や家族のことを考えて日本に残る人もおり，現在も在日韓国・朝鮮人が多く住んでいる。

(2)②ほかに1997年に施行された，アイヌの人々の伝統文化の復活と振興のための「アイヌ文化振興法」がある。また，2007年の国連総会で「先住民族の権利に関する国際連合宣言」が採択され，2008年に国会でアイヌの人々を先住民族とすることを求める決議がなされている。

3 (1)①②「健康で文化的な最低限度の生活」の文を読み取る。

(2)①②「教育を受ける権利」は子どもをふくむすべての国民がもつもの。一方，「普通教育を受けさせる義務」は子どもの保護者が負う義務で，小学校と中学校が義務教育にあたる。

(3)②**ア**職場での男女平等を目指した法律。**イ**社会のあらゆる活動に男女が対等に参加することを目指した法律。**エ**差別意識の解消と障がいのある人への合理的配慮を目指す法律。③図は労

働者の権利，労働基本権(労働三権)のものである。**ウ**団体で雇用者と交渉する権利。**エ**政治に参加する権利で，労働基本権にはあたらない。

ミス注意! 「教育を受ける権利」と「教育を受けさせる義務」を混同しないようにしよう。

---

p.20　ココが要点

❶公共の福祉　　　❷参政
❸被選挙権　　　　❹国務請求権
❺裁判　　　　　　❻勤労
❼プライバシー　　❽知る
❾自己決定　　　　❿環境

---

p.21　予想問題

1 (1)公共の福祉　　(2)イ
　(3)①被選挙権　　②選挙権
　(4)請願権
　(5)①普通教育を受けさせる義務
　　　②納税の義務

2 (1)プライバシーの権利
　(2)情報公開法
　(3)日照権
　(4)(例)患者に病気の告知や治療方針の説明をすること。

解説

1 (1)犯罪の防止のため，良好な環境を維持すためなど，あらゆる人にとっての幸福につながることを公共の福祉という。
(2)**ア・ウ**特定の個人の利益や好悪の感情を満足させることにつながるものは公共の福祉とはいえない。
(3)①選挙で選ばれるので被選挙権という。②図は，選挙権をもつ人の拡大の様子を示している。
(4)国務請求権のうち，具体的に政策などを提案する権利を請願権という。
(5)①②国民の義務には，これ以外に勤労の義務もある。勤労は義務であるとともに権利としても定められている。

2 (3)後から建てられた建物が，元からあった建物の日照を妨げないようにするために屋根が斜めになっている。
(4)医療における自己決定権に関係し，患者本人の意思を尊重するために行われている。

練習しよう 公共の福祉の「福祉」を攻略！

福祉

もひとつプラス 国務請求権と憲法

請願権	16条	国や地方公共団体に政策提案や権利の救済を求める。
国家賠償請求権	17条	公務員の不法行為からの救済を求める。
裁判を受ける権利	32条	裁判所に法律上の権利の実現を求める。

---

p.22　ココが要点

❶権力分立　　　　❷三権分立
❸立法　　　　　　❹国民審査
❺最高法規　　　　❻憲法保障
❼違憲審査　　　　❽番人
❾憲法　　　　　　❿国民投票

---

p.23　予想問題

1 (1)三権分立
　(2)①行政　　②司法
　(3)イ　　(4)C
　(5)(例)権力の濫用を抑制し，お互いの権力のバランスをとるため。

2 (1)A国会　　B国民投票
　(2)18
　(3)①3分の2以上　　②過半数

解説

1 (1)フランスのモンテスキューが「法の精神」でとなえたもので，図のように国の権力を立法・行政・司法の3つに分け，互いに監視させるという考え。
(2)①政治を行う権利。②権利や義務に関する紛争を裁く権利。
(3)**ア**最終的な決定は最高裁判所で行われるが，違憲審査自体はすべての裁判所で行うことができる。**イ**違憲と判断すれば，裁判所は法令や選挙結果などを無効にする可能性がある。**エ**実際に衆議院議員選挙において一票の格差問題で違憲判決が出され，国会で法律を改正して対応したことがある。
(4)写真は国民審査の投票用紙。国民から裁判所に伸びるラインにあてはまる。

(5)権力が一つの機関に集中することで権力が濫用される恐れがあり，それを防ぐためにバランスをとっていることが書けていればよい。

2 (2)国民投票も選挙権も18歳以上。

ミス注意！ 憲法改正の手続について数字に注意しよう。各議院で総議員の「3分の2以上」の賛成があって国会で発議され，その後の国民投票の「過半数」の賛成をもって改正が成立する。

第2章　民主政治

p.24～25　ココが要点

❶政治　　　　　　　❷間接民主
❸国会議員　　　　　❹議会制
❺予算　　　　　　　❻世論
❼公約　　　　　　　❽政権公約
❾マスメディア　　　❿メディアリテラシー
⓫ソーシャルメディア
⓬与党　　　　　　　⓭政党
⓮連立　　　　　　　⓯18
⓰公職選挙　　　　　⓱比例代表
⓲死票　　　　　　　⓳小選挙区比例代表
⓴一票の格差　　　　㉑政党交付金

p.26～27　予想問題

1 (1)法律
(2)国，地方公共団体(順不同)
(3)b エ　　c ア
(4)議会制民主主義

2 (1)マニフェスト　　(2)マスメディア
(3)世論　　(4)メディアリテラシー
(5)(例)選挙権がない若者でも政治家に意見を伝えることができる。

3 (1)ア，エ(順不同)
(2)政党政治　　(3)野党
(4)連立政権

4 (1)①普通選挙　　②秘密選挙
③平等選挙
(2)(例)死票が多くなる。
(3)比例代表制　　(4)鳥取第1区
(5)公職選挙法　　(6)連座制

解説

1 (3)イの専制政治は，国王や貴族など一部の

人々が思うままに国民を支配する政治，ウの多数決は，最も多数の意見を採用する決定の方法。
(4)間接民主制とほぼ同じ意味だが，特に議会中心に民主政治を実現するという理念やしくみを表す。代議制ということもある。

2 (1)政権公約ともいう。公約と比べると，具体的な数値や期限などが示されている。
(5)このほかに，マスメディアを介さずに情報を得ることができる，などでもよい。政治家にとっても，直接有権者に政策や活動を伝えることができる利点がある。

3 (1)イの政治資金の助成は政府の仕事。ウの選挙の運営は地方公共団体の選挙管理委員会などが行う。

4 (1)制限選挙は普通選挙の反対で，投票権に納税額などの制限があること。直接選挙は現在の日本の選挙の原則の一つで，有権者が直接投票することである。
(2)他にも小さな政党が不利になる，少数意見が反映されにくいという欠点を書いてもよい。
(3)さまざまな世論が反映されやすい反面，多くの政党が乱立するおそれもある。
(4)鳥取第1区では有権者23.4万人で議員1人が選出されるのに対して，東京第13区では有権者がその約2倍の47.8万人で議員1人を選出している。このことからは東京第13区では有権者の一票の価値が，鳥取第1区の半分しかないことになる。

➕もひとつプラス　選挙のしくみ

	小選挙区制	比例代表制
内容	1選挙区から1名を選出	各政党の得票数に応じて議席を配分
長所	政権が安定 選挙費用の節約	多様な意見を反映 死票が少ない
短所	死票が多い 小政党に不利	小政党が乱立 政治が不安定

比例代表制の議席配分（ドント式，定数5）			
	A党	B党	C党
得票数	1500	900	600
÷1	①1500	②900	④600
÷2	③750	450	300
÷3	⑤500	300	200

①～⑤当選順

❶国会　　　　　❷立法
❸内閣総理大臣　❹二院制
❺衆議院　　　　❻解散
❼常会　　　　　❽本会議
❾委員会　　　　❿議員立法

❶行政　　　　　❷内閣
❸内閣総理大臣　❹閣議
❺議院内閣制　　❻総辞職
❼公務員　　　　❽行政権
❾行政改革　　　❿規制緩和

1 (1)A立法　　B両院協議会
(2)国政調査権
(3)(例)任期が短く，解散があるため，国民の意見が反映されやすいから。

2 (1)A内閣　　B国会議員
　　C天皇
(2)②
(3)イ
(4)X常会　　Y臨時会　　Z特別会

解説

1 (1)A「国権の最高機関」，「唯一の立法機関」を混同しないようにする。B衆参両院10名ずつで構成され，議決の違いを調整する。
(2)国会で行われる証人喚問も，国政調査権に基づくもの。
(3)衆議院は参議院よりも任期が短いこと，解散があることにより，国民の新しい意思をより忠実に取り入れやすいことに触れていればよい。

2 (1)AB法律案は国会議員か内閣によって提出される。今の国会では，内閣に比べて国会議員が提出する法案が成立する割合が低くなっている。C衆参両議院で可決された法律は，内閣が署名した後，天皇が公布する。
(2)必ず開かれるわけではなく，委員会で必要と判断されたときに開催される。
(3)定足数とは，会議を開くための最小限度の出席者数のこと。本会議の定足数は3分の1以上，委員会の定足数は2分の1以上である。

ミス注意！「議員」と「議院」を間違えないようにしよう。

もひとつプラス　衆議院の優越

衆議院の優越に該当しないこと
①憲法改正の発議
②弾劾裁判所の設置
③国政調査権

1 (1)内閣総理大臣
(2)閣議
(3)a信任　　b解散　　c任命
(4)議院内閣制
(5)ウ，エ，カ(順不同)

2 (1)公務員
(2)全体
(3)省令
(4)①○　②×　③×　④○

解説

1 (3)ab衆議院で内閣不信任決議が可決されるか，内閣信任決議が否決された場合は，内閣は10日以内に衆議院を解散するか，総辞職しなければならない。c内閣総理大臣は国務大臣を任命し，罷免させる権限を持つ。
(5)ア，イ，オ，キは国会の仕事である。

2 (1)公務員は，国の行政機関で働く国家公務員と，地方公共団体で働く地方公務員に分けられる。
(4)①公務員の削減や中央省庁の再編なども行政改革にあたる。②現代の国家では行政の役割が大きくなり，行政権の拡大(肥大)という状況がおきている。③④省や庁などの行政機関は，国民の権利や利益を守るため，企業や国民の活動に対する許認可権を持っている。規制緩和とは，許認可権を見直して，民間企業の自由な経済活動を促そうとすることである。

もひとつプラス　日本とアメリカの比較

日本	アメリカ
議院内閣制	大統領制
内閣総理大臣は国会議員の中から国会が指名	大統領は国民(大統領選挙人)の選挙で選出される
衆議院と参議院	上院と下院

p.32	ココが **要点**

❶裁判所（さいばんしょ）　❷民事（みんじ）
❸原告（げんこく）　❹刑事（けいじ）
❺被告人（ひこくにん）　❻控訴（こうそ）
❼司法権（しほうけん）　❽弾劾裁判（だんがいさいばん）
❾令状（れいじょう）　❿裁判員（さいばんいん）

p.33	予想問題

1 (1)Aエ　　Bア
(2)a 控訴（こうそ）　　b 上告（じょうこく）
(3)三審制（さんしんせい）
(4)①X　　②Y
(5)国民審査（しんさ）

2 (1)A裁判　B令状（れいじょう）　C弁護　D黙秘（もくひ）
(2)裁判員制度
(3)推定（すいてい）無罪の原則　　(4)司法取引

解説

1 (1)最高裁判所の下に置かれる裁判所をまとめて下級裁判所といい，高等裁判所，地方裁判所，家庭裁判所，簡易裁判所がある。Bは最高裁判所の下にあり，Aの上にあることから高等裁判所，Bは地方裁判所となる。
(2)第1審は地方裁判所・家庭裁判所・簡易裁判所のいずれかで行われ，その判決に不満がある場合は上級の裁判所に「控訴」することができる。さらに第2審の判決に不満がある場合には「上告」することができる。
(3)(2)のしくみを三審制とよび，人権を守るためにより慎重に審理して間違いをなくすための制度。それでも冤罪が生じることがあるため，確定した判決でも，新たな証拠で判決に疑いが生じたときは裁判をやり直す再審請求ができる。
(5)裁判官は，心身の故障のほかは国会の弾劾裁判と，最高裁判所の裁判官に対する国民審査以外で辞めさせることはできない。

2 (2)裁判員制度は，殺人や身代金目的での誘拐など，特に重大な刑事裁判の第一審で行われる。
(3)「疑わしきは被告人の利益に」という考えにもとづいたもの。
(4)検察が不起訴で済ませることもある。

ミス注意！ 民事裁判で訴えられた「被告」と刑事裁判で訴えられた「被告人」を混同しないようにしよう。

練習しよう 弾劾裁判の「弾劾」を攻略！

弾劾

＋もひとつプラス 裁判員制度の流れ

地方裁判所ごとに20歳以上の人から候補者名簿を作成する
↓
事件ごとにくじで候補者を選ぶ
↓
面接により裁判員を選ぶ
↓
裁判員6人と裁判官3人（原則）で1つの事件の刑事裁判を行う

p.34〜35	ココが **要点**

❶地方公共団体（だんたい）　❷地方自治
❸住民自治　❹団体自治
❺民主主義（しゅぎ）　❻地方分権
❼条例　❽直接請求（せいきゅう）
❾住民投票　❿非営利（ひえいり）組織
⓫地方財政（ざいせい）　⓬歳出（さいしゅつ）
⓭歳入（さいにゅう）　⓮自主財源（じしゅ）
⓯地方　⓰依存財源（いそん）
⓱地方交付税交付金（ぜいこうふきん）　⓲税源移譲（ぜいげんいじょう）
⓳オンブズマン　⓴投票率

p.36〜37	予想問題

1 (1)A住民自治　　B地方分権
(2)ウ
(3)民主主義（しゅぎ）

2 (1)知事（ちじ）
(2)不信任（ふしんにん）
(3)直接請求権（ちょくせつせいきゅうけん）
(4)①ア　　②ウ
(5)非営利（ひえいり）組織〔ＮＰＯ〕

3 (1)地方税（ちほうぜい）
(2)オンブズマン〔オンブズパーソン〕
(3)B地方交付税交付金　　C国庫支出金
(4)依存（いそん）
(5)ア，ウ

4 (1)C　　(2)ア
(3)ウ

解説

1 (1)**A**住民自治の原則に基づいて，首長・議員の直接選挙や直接請求権など地方自治のきまりが定められている。**B**1999年に地方自治法など475の法律を改正した地方分権一括法が成立し，2000年に施行され，地方分権が進められた。

(2)**ウ**地方公共団体が自治のために作るのは，条例で，その地方公共団体のみに適用される。法律の制定は国会の仕事。

2 (1)市町村の場合は市長，町長，村長になる。東京の特別区は区長。

(3)直接請求権には，議会の解散請求，議員・首長の解職請求(リコール)のほかに条例の制定・改廃の請求や監査請求などがある。

(4)議会の解散や解職に関わることは3分の1，それ以外は50分の1。

3 (1)地方公共団体が住民から徴収する住民税や事業税，固定資産税などがあたる。

(3)国から地方公共団体に支払われる補助金のうち，地方交付税交付金は使い方が限定されず地方公共団体で自由に使えるお金，国庫支出金は使い方を限定して支払われるお金である。

(5)**イ**地方債現在高のGDPに占める割合は2010年以降あまり増えていない。**エ**1985年度から2018年度まで30％を超えた年はない。

4 (1)近年の年代別の投票率を見ると，若い世代ほど低い傾向にある。

(2)政治家は投票する人が多い世代の問題を優先する政策を実現しようとすると考えられる。そのため，**イ**や**ウ**などの投票率の低い若い世代に関する政策よりも，より投票率の高い年長世代に対する政策を優先すると考えられる。

(3)選挙以外にも，私たちが政治に参加できる機会はたくさんある。**ウ**直接政治に影響しないので誤り。

ミス注意！ 地方公共団体が徴収する財源が「自主財源」，それ以外が「依存財源」。

練習しよう 直接請求権の「請求」を攻略！

請	求						

第1章　市場経済

p.38　ココが要点

❶経済活動　　　　❷分業
❸貨幣　　　　　　❹資源
❺効率的な配分　　❻需要量
❼市場　　　　　　❽市場
❾独占　　　　　　❿公共

p.39　予想問題

1 (1)消費
　(2)価値尺度
　(3)希少性
　(4)(資源の)効率的な配分

2 (1)①5
　　②(例)入荷量が最も少ないから。
　(2)①B　②均衡価格
　　③450
　(3)独占価格
　(4)公共料金

解説

1 (2)商品の値段を貨幣の量で表すことによって，商品の価値をはかることができる。

2 (1)①②価格が最も高い5月の入荷量は，1年の中で最も少ない。みかんの需要量が変わらない場合，入荷量(供給量)が減ると価格は上がる。反対に入荷量が増えると価格は下がる。

(2)①需要量は，価格が高いほど減るので，右下がりの**B**で表され，逆に供給量は，価格が高いほど増えるので，右上がりの**A**で示されている。③売れ残りが出るのは供給量が需要量を上回った場合なので，**C**の均衡価格よりも上の部分が売れ残りの状態を表している。価格が450円のとき，供給量が30個，需要量が10個になるので，売れ残りが20個出る。

(3)1人の売り手が決める独占価格や，少数の売り手が決める寡占価格では，どちらも市場での需要と供給の関係が反映されない。

(4)水道や，交通機関など生活に欠かせないものは，料金の値上げが生活に大きな影響を及ぼすため，国などの認可が必要になる場合がある。

決め方	公共料金の種類
国会・政府が決定するもの	社会保険診療報酬，介護報酬
政府が認可するもの	鉄道運賃，バス運賃，都市ガス料金，電気料金，高速自動車国道料金
政府に届け出るもの	国内航空運賃，電気通信料金，郵便料金（手紙・はがき）
地方公共団体が決定するもの	水道料金，公立学校授業料，公衆浴場入浴料

p.40　ココが要点

❶家計
❷給与所得
❸貯蓄
❹クレジット
❺卸売
❻通信販売
❼契約自由
❽クーリング・オフ
❾製造物責任
❿消費者庁

p.41　予想問題

1 (1)給与所得　(2)可処分所得
(3)貯蓄　(4)キャッシュレス決済
2 (1)a卸売　b小売
(2)ブランド
(3)流通
3 (1)ケネディ
(2)消費者基本法
(3)(例)製造業者の過失を証明しなくても，商品に欠陥があったことだけを証明すれば賠償を請求できるようになった。
(4)消費者庁

解説

1 (3)貯蓄は，銀行預金や生命保険料の支払い，株式の購入などの形で行われる。
(4)代金を後払いで支払うクレジットカードのほか，スマートフォンを用いた決済などがあたる。便利だが，お金を使う実感がないために使い過ぎに気を付ける必要もある。
2 (1)卸売業は，生産者から商品を買い，小売業者に売る仕事である。小売業は，卸売業者や生産者から買った商品を消費者に売る仕事。
(2)規模の比較的大きい小売業者が独自に作るもので，プライベートブランド（PB）ともよばれる。

(3)流通には，生産や販売だけではなく，運送業や倉庫業，保険業，広告業などさまざまな流通関連業も関わっている。
3 (1)消費者の四つの権利とは「安全を求める権利」，「知らされる権利」，「選ぶ権利」，「意見を聞いてもらう権利」である。
(3)以前は，製造業者が商品の欠陥を認識していたことを証明する必要があった。
(4)消費者庁は，各省庁に分かれていた消費者行政を一元化するために設置された。悪質商法や不審な勧誘などの消費者トラブルの相談も受け付けている。

練習しよう　「貯蓄」を攻略！

貯　蓄

練習しよう　「卸売」の「卸」を攻略！

卸

p.42～43　ココが要点

❶企業
❷技術革新
❸起業
❹利潤
❺資本
❻私企業
❼ベンチャー
❽株式会社
❾株主
❿株価
⓫金融
⓬金融
⓭直接
⓮利子
⓯クラウド
⓰競争
⓱独占
⓲カルテル
⓳独占禁止
⓴公正取引

p.44～45　予想問題

1 (1)A利益（利潤）　B雇用
(2)①X法人企業　Y公企業
②イ
(3)①イノベーション　②資本
2 (1)A株式　B配当　C株主総会
(2)出資額以上の負担
3 (1)A直接金融　B間接金融
(2)預金　(3)利子〔利息〕
(4)①フィンテック
②クラウドファンディング
③ベンチャーキャピタル

4 (1)ウ　　(2)カルテル
　(3)独占禁止法
　(4)公正取引委員会

解説

1 (2)①X法律上個人と同じ権利や能力を持つと認められた企業や団体。株式会社のほか合同会社などがある。Y国や地方公共団体が経営する企業。
(3)②生産活動には店舗や工場を建てる土地,働く人(労働力),工場・機械・資金などの資本が必要である。

2 (1)A一定の基準を満たした企業の株式の売買は,証券取引所で証券会社を通じて行われる。B保有している株式の数に応じて,利益の一部が支払われる。C株主は株主総会を通じて会社に意見を伝える。

3 (1)Aは企業や家計が直接資金を融通している。Bは金融機関を通じて資金を融通している。
(4)①フィンテック(Fintech)はFinance(金融)とTechnology(技術)を組み合わせた造語。銀行口座などと自動的に連携する家計簿アプリのサービスなどがある。②クラウドファンディングには資金提供者に対する見返り(リターン)の形態によって,金銭リターンが伴う投資型,金銭的リターンのない寄付型,投資するプロジェクトが提供する何らかの権利や物品を購入することで支援を行う購入型に分けられる。③実績がないと資金を一般の金融機関から借りることが難しい場合があるなか,積極的な投資を行い,場合によって事業への助言を行うこともある。

4 (1)ア1社で50%をこえているのは家庭用ゲーム機のみである。イ上位3社で90%をこえているのは家庭用ゲーム機のみである。エ上位3社で全てをしめるのは家庭用ゲーム機のみである。
(2)企業間でカルテルが行われると,自由競争が妨げられ,消費者の利益を損なう。
(3)独占禁止法では,カルテルの結成や不当な安売りなどが不公平な取り引きとして禁止されている。違反した企業に対しては企業分割や課徴金の徴収などの罰則が設けられている。

練習しよう　「金融」を攻略!

金	融						

---

p.46　ココが要点

❶労働基準　　　　　　❷労働組合
❸労働関係調整　　　　❹男女雇用機会均等
❺終身雇用　　　　　　❻成果
❼非正規
❽ワーク・ライフ・バランス
❾社会的責任　　　　　❿ESG

p.47　予想問題

1 (1)A労働関係調整法　　B労働基準法
　　C労働組合法
　(2)労働基本権〔労働三権〕
　(3)男女雇用機会均等法
2 (1)非正規雇用
　(2)Aイ　　Bア
　(3)成果主義
　(4)①(例)企業の社会的責任を果たすため。
　　②ESG
　(5)ワーク・ライフ・バランス

解説

1 (1)A労働者と使用者の紛争解決が当事者同士では難しいときに,労働委員会が間に入って解決にあたることが定められている。B労働基準法の基準以下で働かせた使用者には,罰則がある。C労働組合法は団結権を具体的に保障した法律で,組合活動の妨害や団体交渉の拒否などを禁止している。

2 (1)パート社員(パートタイマー)は非正規雇用の形態の一つ。企業にとっては雇用を調整しやすいという利点があるが,働く人にとっては,いつ雇用が打ち切られるかわからないほか,労働条件が正社員(正規雇用)よりも悪いなどの問題がある。
(2)A時給や労働時間などの待遇について提示されている。B育児のためには産休と育児休暇が必要である。ウかつての日本企業で多かった雇用の在り方で,一つの企業で定年まで働くこと。エ年齢とともに給与が増えるしくみ。
(3)企画したパンが売れたら,という条件から仕事の成果に応じて多くの賃金が支払われることがわかる。このようなしくみを成果主義という。
(4)①企業の目的は利益を追求することだが,同時に従業員や環境に対しても社会的な責任を

11

負っている。②Eは環境(Environment)，Sは社会(Social)，Gは企業統治(Governance)のことである。ESGの観点で高い評価を得る企業は，「持続可能な社会」づくりに貢献していると考えられる。

(5)長時間労働を軽減し，テレワークなどを推進することで，仕事だけでなく生活と両立させ，多様で柔軟な働き方の選択などのこと。

➕もひとつプラス　労働時間の国際比較

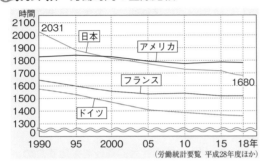

（労働統計要覧 平成28年度ほか）

練習しよう　「雇用」を攻略！

雇	用				

---

p.48～49　ココが要点

❶好況　　　　　❷失業者
❸景気変動　　　❹国内総生産
❺経済成長　　　❻デフレーション
❼日本銀行　　　❽発券
❾政府　　　　　❿金融緩和
⓫為替　　　　　⓬円高
⓭円安　　　　　⓮多国籍
⓯空洞　　　　　⓰世界金融
⓱デジタル　　　⓲シェアリング
⓳食料自給率　　⓴ＴＰＰ

---

p.50～51　予想問題

1 (1)A好況　　B不況
(2)ア，オ，カ（順不同）
(3)インフレーション〔インフレ〕
(4)A　　(5)GDP

2 (1)金融政策
(2)A上げる　　B下げる
(3)イ
(4)(例)世の中に出回るお金の量を増やす政策。

---

3 (1)ア
(2)為替レート
(3)(例)賃金の安い国で生産を行えば費用が安くすむから。
(4)空洞化
(5)世界金融危機

4 (1)シェアリングエコノミー
(2)デジタル
(3)ア

解説

1 (2)好況のときは，生産が拡大→雇用が増加して賃金が上昇→消費が拡大するという活発な経済状態が見られる。イ，ウ，エはいずれも経済が落ち込んだときに起こることである。
(3)(4)インフレーションは好況であることを表すことが多い。ただし，急激なインフレーションでは，お金の価値が急速に減少するため，生活を不安定にさせることもある。
(5)国内総生産のこと。

2 (1)極端な景気や物価の変動は生活を不安定にさせ，経済活動に影響することから，市場に出回るお金の量を調整することで，景気の変動を安定化させている。
(2)(3)景気が悪いとき，日本銀行は国債を買う。一般の銀行の資金量が増えるので，貸出金利が下がり，企業への貸し出しが増える。景気が過熱しているときは，国債を銀行に売る。銀行の資金量は減るので，貸出金利が上がり，企業の借り入れは減る。

3 (1)アは今まで100円で買っていた1ドルのものが80円で買えることになり，円の価値が上がっている。イは120円出さないと1ドルのものが買えなくなるため，円の価値が下がっている。
(3)日本より賃金の低い国で生産すれば，同じ人数を雇っても安い生産費用ですむ。
(5)アメリカの経済不安からドルが売られ，円高になったことで，日本の輸出企業の売り上げが悪化し，日本にも影響が及んだ。

4 (1)シェアは分け合うこと。エコノミーは経済という意味。ほかにも自家用車で人を運ぶライドシェアなどがある。
(3)アデジタル化の影響で産業構造が変わっていくと考えられている。イ人工知能(AI)の普及

によって人間がかかわる仕事が減らせると考えられ，人手不足の解消が期待されている。**ウ** TPP11協定などの枠組みなどで，ますます貿易上の競争が増えると考えられる。

練習しよう 「為替」を攻略！

＋もひとつプラス 日本銀行が供給するお金の量の推移

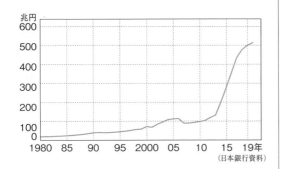

（日本銀行資料）

第2章　財政

p.52～53　ココが要点

❶財政　　　　　　❷税金
❸財政政策　　　　❹歳出
❺社会保障関係費　❻歳入
❼直接税　　　　　❽間接税
❾累進課税　　　　❿納税者
⓫公害　　　　　　⓬公害対策基本
⓭環境基本　　　　⓮循環型
⓯社会資本　　　　⓰生存
⓱社会保険　　　　⓲公的扶助
⓳国債　　　　　　⓴大きな

p.54～55　予想問題

① (1)財政
　(2)税金
　(3)エ
　(4)イ

② (1)ア
　(2)D直接税
　　E間接税
　(3)累進課税
　(4)(例)所得の低い人ほど所得に対する税負担の割合が大きくなる。

③ (1)社会資本
　(2)イタイイタイ病
　(3)環境基本法
　(4)環境省

④ (1)A社会保険　　B公衆衛生
　　C社会福祉　　D公的扶助
　(2)国民皆保険
　(3)社会保障・税番号〔マイナンバー〕制度

⑤ (1)Y
　(2)X
　(3)財政赤字

解説

① (1)財政には，公共サービスの提供のほか，所得格差の縮小(所得の再分配)や景気の調整(財政政策)という役割がある。
(2)家計や企業から政府に税金を納めている。
(4)不況のとき，政府は減税をして消費をうながすほか，公共事業を拡大して生産を活発にしようとする。なお，景気が過熱しているときは，増税をして公共事業を縮小する。

② (1)国の借金は国債。**イ**の社会保障は最も割合が高い**B**，**ウ**の地方財政は**C**にあたる。
(3)税を納めた後の所得の格差を小さくし，支払い能力に応じて税を負担するしくみ。
(4)消費税は，所得にかかわらず税額が変わらないので，全体の所得に占める消費の割合が高い所得の低い人は，税負担の割合が重くなる。これを逆進性という。このような消費税の問題点が書けていればよい。

③ (2)河川に流れたカドミウムが原因で引き起こされた公害。
(4)1971年に設置された環境庁が2001年に環境省に発展した。

④ (1)A社会保険は，社会保障制度の中心となっている。
(3)2016年に導入された制度。行政手続きの簡素化が期待されている。

⑤ (1)(2)**X**は大きな政府。充実した社会保障をはじめ，政府による多様なサービスが受けられるが，税金や社会保険料などで国民への負担が重くなる。**Y**は小さな政府。政府によるサービスは少ないが，国民の負担も軽い。
(3)長引く不況や，高齢化による社会保障関係費

の増大で，歳出を賄うには歳入が足りない状態が拡大している。これを補うため，政府は国債を発行しているが，このような財政赤字の拡大が現在問題になっている。

ミス注意! 景気対策の日本銀行が行う「金融政策」と政府が行う「財政政策」を混同しないようにしよう。

練習しよう 累進課税の「累」を攻略！

累｜ ｜ ｜ ｜ ｜ ｜

＋もひとつプラス 四大公害病

公害名	原因物質	発生地域
イタイイタイ病	カドミウム	富山県の神通川流域
水俣病	メチル水銀	熊本県・鹿児島県の水俣湾周辺
四日市ぜんそく	硫黄酸化物窒素酸化物	三重県の四日市市のコンビナート周辺
新潟水俣病	メチル水銀	新潟県の阿賀野川流域

第4部　国際

第1章　国際社会

p.56　ココが要点
❶主権
❷内政不干渉
❸領海
❹排他的経済水域
❺公海自由
❻国際
❼国歌
❽北方領土
❾国際司法裁判所
❿尖閣

p.57　予想問題
1 (1)主権，住民〔国民〕，領域（順不同）
(2)内政不干渉の原則
(3)領土不可侵の原則
(4)a 領土　　b接続水域
　　c排他的経済水域
(5)ウ
(6)国際法
(7)国旗
2 (1)A北方領土，ア
　　B竹島，ウ
　　C尖閣諸島，イ

(2)B島根県　　C沖縄県
(3)国際司法裁判所

解説
1 (2)主権国家どうしは規模や立場などにかかわらず対等である。
(3)Xは領土，領海，領空からなる領域を示している。国家の支配する領域に他国は不法に立ち入ることができない。日本の領海は領土の沿岸から12海里までで，領空は領土と領海の大気圏内までの上空となる。
(4)b 領海の外側の沿岸から24海里までの範囲。沿岸国が輸出入の検査や出入国の管理などを行うことが認められる。c 沿岸から領海をのぞく200海里までの範囲。なお，その外側のどの国にも属さない海は公海とよばれ，自由に航行や漁を行える（公海自由の原則）。
(5)ア 沿岸国がその海域の資源を独占できる。イ 資源の開発はできないが，どの国の船も航行することはできる。エ 水産資源は沿岸国が独占的に利用できるものである。
(7)国旗・国歌法で日章旗（日の丸）を国旗に，君が代を国歌にすることが定められている。
2 (1)Aは歯舞群島，色丹島，国後島，択捉島。
(3)国際連合の常設の司法機関。国内の裁判所と異なり，判決の執行機関はない。

練習しよう 平和維持活動の「維持」を攻略！

維持｜ ｜ ｜ ｜ ｜

p.58～59　ココが要点
❶国際連合
❷ＰＫＯ
❸総会
❹安全保障
❺経済社会
❻国連教育科学文化
❼ＷＨＯ
❽地域紛争
❾難民
❿テロリズム
⓫核兵器
⓬核軍縮
⓭核拡散防止
⓮国際原子力
⓯対人地雷禁止
⓰軍縮
⓱新興
⓲南南
⓳ヨーロッパ連合
⓴アジア太平洋
㉑日米安全保障

1
(1)イ
(2)総会
(3)①安全保障理事会
　②5か国
　③拒否権
　④PKO
(4)国連児童基金〔UNICEF〕

2
(1)イ
(2)難民
(3)テロリズム
(4)(アメリカ)同時多発テロ

3
(1)核拡散防止
(2)エ
(3)IAEA
(4)NGO

4
(1)A　ASEAN
　B　EU
　C　MERCOSUR
(2)新興国
(3)(例)先進国と発展途上国の経済格差をめぐる問題。

解説

1 (1)ア1920年は国際連盟が発足した年，ウ1956年はソ連と日ソ共同宣言を結び，日本が国際連合に加盟した年である。
(3)②常任理事国は，アメリカ・ロシア・イギリス・フランス・中国の5か国である。任期のある非常任理事国の10か国とこの常任理事国で安全保障理事会は構成される。
(4)PKOは平和維持活動の略称。日本の自衛隊も参加している。
(4)児童(子ども)の権利に関する条約に基づいて，世界で活動している。

2 (1)AUはアフリカ連合のことである。
(2)受け入れに慎重な国もあるが，積極的に支援する国や，国連難民高等弁務官事務所(UNHCR)などが保護している。
(3)①議論よりも暴力を用いることで，社会に恐怖を広げ，自らの主張を広げようとする。

3 (1)核兵器を持たない国が新たに核兵器を持つことを禁止している。日本も参加している。
(2)ア核拡散防止条約，イ戦略兵器削減条約，ウ

国連難民高等弁務官事務所の略称。
(3)国際原子力機関(IAEA)は国連の保護下にある自治機関で，原子力(核)の平和利用と，軍事転用を防ぐための機関。
(4)特定の政府に関わらない組織である。似たものに利益を追求しない非営利組織(NPO)がある。

4 (1)Aは東南アジア諸国連合，Bはヨーロッパ連合，Cは南米南部共同市場である。APECはアジア太平洋経済協力。USMCAはアメリカ・カナダ・メキシコの3か国で構成する米国・メキシコ・カナダ協定である。
(3)資料から，人口が多いアジアやアフリカは1人あたりのGNIが低く，先進国の多い北アメリカやヨーロッパとの間に経済格差があることがわかる。なお，発展途上国間での格差の問題を南南問題という。

＋もひとつプラス　国際連盟と国際連合

	国際連盟 League of Nations	国際連合 United Nations
設立	1920年	1945年
本部	ジュネーブ	ニューヨーク
加盟国	アメリカ不参加，ソ連の加盟遅延，日本・ドイツ・イタリアの脱退	アメリカ，イギリス，フランス，中国，ソ連は初めから加盟
評決	全会一致	多数決，安全保障理事会における五大国一致

❶貧困
❷食品ロス
❸政府開発援助
❹フェアトレード
❺マイクロクレジット
❻地球環境
❼温暖化
❽京都議定書
❾温室効果ガス
❿パリ
⓫化石燃料
⓬リデュース
⓭リユース
⓮リサイクル
⓯原子力
⓰再生可能エネルギー
⓱持続可能な開発目標
⓲非政府組織
⓳安全保障
⓴持続可能

1 (1)A ア B エ
(2)貧困（ひんこん），飢餓（きが）
(3)フェアトレード
2 (1)地球温暖化（おんだん）
(2)温室効果ガス
(3)パリ協定
3 (1)リユース
(2)再生可能エネルギー
(3)SDGs

解説

1 (1)Aは近年急激に人口増加が進んでいることからアフリカである。Bは地域別で最も人口の割合が多いことからアジアとなる。グラフの残りは，上から，ラテンアメリカ（南アメリカ），アングロアメリカ（北アメリカ），ヨーロッパ，オセアニアである。
(2)資料2でアフリカ，アジア地域で栄養不足人口の割合が高いことから，食料が十分にいきわたっていないことが予想される。食料不足である飢餓と，その背景にある貧困が書ける。

2 (1)二酸化炭素の増加は地球温暖化の原因の一つと考えられている。
(2)温室効果ガスが増えた原因には，石油・石炭・天然ガスなどの化石燃料の使用の増加や，伐採などによる森林の減少などが考えられている。
(3)先進国と発展途上国を問わず，協調して温室効果ガスの削減に取り組むことになった。参加するすべての国に削減目標の提出を義務付けている。1997年の気候変動枠組条約締約国会議（COP）で採択された京都議定書でも温室効果ガスの削減目標が決められたが，発展途上国に削減義務がないことなどから，取り組みとして不十分との指摘があった。

3 (1)3Rはリデュース，リユース，リサイクルの3つ。リデュースはごみをできるだけ出さないこと，リサイクルはごみを再資源化することである。
(2)クリーンエネルギーとよばれることもある。
(3)持続可能な開発目標である。「誰一人取り残さない」ことを理念とし，所得格差の解消，廃棄物の削減，地球温暖化への対策など，すべての国が共通して取り組む目標である。

練習しよう 「貧困」を攻略！

貧困

練習しよう 「飢餓」を攻略！

飢餓

もうひとつプラス 持続可能な開発目標（SDGs）

17の目標と，169の具体目標から構成。

	Sustainable Development Goals
1	貧困をなくそう
2	飢餓をゼロに
3	すべての人に健康と福祉を
4	質の高い教育をみんなに
5	ジェンダー平等を実現しよう
6	安全な水とトイレを世界中に
7	エネルギーをみんなに そしてクリーンに
8	働きがいも　経済成長も
9	産業と技術革新の基盤をつくろう
10	人や国の不平等をなくそう
11	住み続けられるまちづくりを
12	つくる責任　つかう責任
13	気候変動に具体的な対策を
14	海の豊かさを守ろう
15	緑の豊かさも守ろう
16	平和と公正をすべての人に
17	パートナーシップで 目標を達成しよう

6 5 4 3 2
D C B A